全国技工院校航空服务专业教材（中级技能层级）
全国中等职业学校航空服务专业教材

民航货物运输

Minhang Huowu Yunshu

徐蔚之　郑婕　主编

中国劳动社会保障出版社

图书在版编目（CIP）数据

民航货物运输 / 徐蔚之，郑婕主编 . -- 北京：中国劳动社会保障出版社，2022
全国技工院校航空服务专业教材. 中级技能层级　全国中等职业学校航空服务专业教材
ISBN 978-7-5167-5249-4

Ⅰ. ①民…　Ⅱ. ①徐…②郑…　Ⅲ. ①民航运输 - 货物运输 - 中等专业学校 - 教材
Ⅳ. ①F560.84

中国版本图书馆 CIP 数据核字（2022）第 023015 号

中国劳动社会保障出版社出版发行

（北京市惠新东街 1 号　邮政编码：100029）

*

北京市艺辉印刷有限公司印刷装订　　新华书店经销

787 毫米 × 1092 毫米　16 开本　8 印张　130 千字

2022 年 3 月第 1 版　　2024 年 5 月第 2 次印刷

定价：18.00 元

营销中心电话：400-606-6496

出版社网址：http://www.class.com.cn

http://jg.class.com.cn

简介

Introduction

本教材适用于全国技工院校航空服务专业（中级技能层级）和全国中等职业学校航空服务专业，由人力资源社会保障部教材办公室组织编写。

教材主要介绍了民航货物运输概述，民航国内货物托运与收运，民航国内货物运输费用，民航国际货物托运与收运，民航国际货物运输费用，航空货物运送、到达与交付，航空货物不正常运输处理等方面的内容。教材依据中职学生特点编写，语言简洁、明了，注重利用图表辅助讲解知识点，突出直观性，同时每章配有思考与练习，帮助学生巩固所学内容。

本教材配有电子课件，可通过技工教育网（http://jg.class.com.cn）下载。

本教材由徐蔚之、郑婕主编，陆东主审。

目录
Contents

模块一
民航货物运输概述

随着社会经济和电子商务技术的高速发展，物流运输已开始倾向于使用快捷、高效、安全的航空运输方式来运输货物，逐步形成了相应的制度和流程，使整个航空货物运输过程变得越来越成熟和规范。作为一种高效的物流运输方式，民航货物运输在社会经济发展中扮演着重要的角色。

学习目标

☞ 掌握民航货物运输的概念、特点

☞ 了解民航货物运输组织及国际公约

☞ 了解航空区划

☞ 了解民航货物运输的不同类型

☞ 了解民航货运代理进出口业务流程

单元一　民航货物运输基础理论

交通运输是国际交流的重要桥梁和纽带，可以促进各国之间的商品流通、经济发展和人民之间的友好往来以及国际旅游业的发展，属于第三产业范畴。

根据运输对象不同，交通运输业分为旅客运输和货物运输两类。旅客运输是指借助交通运输工具使旅客和行李发生物理位移的有目的的社会经济活动。货物运输是指借助交通运输工具使货物和邮件发生物理位移的有目的的社会经济活动。

一、民航货物运输的特点

随着航空事业的发展，近年来航空运输货运量有了较大幅度的增长，货物运输的种类和范围也在不断扩大。相比于其他几种运输方式，民航货物运输有着自己显著的特点。正是由于这些特点，使得民航货运成为目前社会经济发展中不可或缺的交通运输方式，给人们的生活带来了诸多便利。

第一，运送速度快，空间跨度大。从当前的运输机型来看，飞机时速平均为 900 km/h（最快可达 1 200 km/h），与其他运输工具相比（如火车时速 120 ~ 140 km/h，高铁时速 250 ~ 350 km/h，汽车时速 100 ~ 120 km/h），航空运输的速度要快出很多。凭借这一优势，航空运输可以满足海鲜、活动物等鲜活易腐货物的运输需求。

第二，安全性高，损坏率低。一方面，一大批飞行高度更高的新型航空器逐渐应用到民航货物运输中，这些航空器受到低空气流影响较小，可以减少货物挤压损坏情况；另一方面，民航货物运输的安全系数较高，发生事故的概率远低于公路运输、铁路运输以及水路运输。据统计，航空运输发生意外事故的概率不到百万分之一。

第三，可节省生产企业的相关费用。航空运输的快捷性为生产企业节省了货物在运输途中的时间，加快了货物流向市场的速度，节省了货物的仓储费用、保险费用以及相关利息的支出。货物加速流向市场也使企业能够快速回笼资金，加快了资金的周转速度，提高了企业现金流的利用率。

第四，运送成本高，运输量有限。民航货物运输有一系列的优势，但其缺点也很明显。一是运送价格相较其他运输方式偏高，特别是运送一些商务文件、电子产品、急件以及贵重货物时，运送的价格就更高；二是运输量有限，由于运送货物的航空器容量有限，如果需要运送体积较大的货物，就不适合采用民航货物运输的方式。

第五，受天气影响较大。航空运输过程中，最怕遇到恶劣天气，如遇暴雨、大雾、大风天气，一般航班会取消或者延误，导致货物无法及时运输，这对于运输时间要求较高的鲜活易腐货物，影响较大。

民航货物运输的优点和缺点都非常明显，在进行货物运输时，应根据实际情况，选择性地使用民航货运，使其充分发挥自身的优势。

二、民航货物运输中的角色

民航货物运输任务的完成，需要各岗位工作人员各司其职、各尽其责，主要涉及以下几种角色。

1. 承运人

承运人是指本人或委托他人以本人名义与托运人建立航空货物运输合同的人。承运人既包括受托填写货运单、保存运输记录的承运人，又包括承运货物或提供航空货运服务的承运人。航空货物运输的承运人并没有一个明确的界定范围，需要根据实际情况具体分析。

2. 托运人

托运人是指有货物运输需求，同时与承运人签订航空货物运输合同并在货运单或运输记录上签字的人。

3. 收货人

收货人是指货运单或运输记录中指定应交付货物的单位或个人。广义来讲，收货人可以是购买商品的消费者，也可以是第三方委托人。

4. 代理人

代理人是指民航货物运输中，经授权可以代表承运人的任何人。

延伸阅读

上海某外贸公司委托A航空快递公司将一批医疗产品从上海运送到北京，并且指定北京某医疗产品制造企业来收取货物。在这个案例中，上海某外贸公司是托运人，也就是整个民航货物运输过程中的“甲方”。A航空快递公司是承运人，负责将这批货物从上海运送到北京。北京某医疗产品制造企业是收货人。在这个案例中，没有代理人这个角色。

三、民航货物运输的市场细分

民航货物运输的市场可以分为以下几类。

1. 急快件货物运输市场

急快件货物运输是指托运人对货物有紧急需求，需要将货物以最快的速度运达目的地。急快件货物运输市场效益高，但市场需求较小。

2. 特种货物运输市场

特种货物主要包括外交信袋、危险物品、活体动物、贵重物品、押运货物、骨灰灵柩、鲜活易腐品、枪械弹药等。这类货物一般需要特殊处理，且对运输价格较为敏感，承运人必须合理定价，以扩大、发展常规鲜活易腐货物运输市场。

3. 常规（非鲜活易腐）货物运输市场

通过民航进行运输的货物，基本都是常规（非鲜活易腐）货物。运输速度快、效率高是常规货物运输市场的最大优势之一，它能够有效满足社会的需要，使市场营销变得更加灵活。

延伸阅读

每年“双十一”，各大购物平台的订单量都会暴涨。相应地，物流公司也需要运送相当多的货物。在运送时间短和运送货物多的压力之下，物流公司开始倾向于使用航空运输的方式来进行货物运输。例如，2019年“双十一”全天，各邮政、快递企业处理的快件量达5.35亿件，出现运输需求呈爆发式增长的物流高峰，而正是有了民航货运的存在，各大物流公司才能够游刃有余地完成各项货物运输业务。

四、民航货物运输的形式

民航货物运输形式并不单一，而是多种多样的。按照运输组织形式来划分，民航货物运输可以分为班机运输，包机、包舱运输，集中托运和航空快递四种形式。

1. 班机运输

班机运输是指在固定航线上根据既定时间完成航行的一种运输形式。换言之，班机运输的始发站、经停站以及目的站都是事先指定的，该运输形式有固定的航线和停靠空港，起飞时间和航班也是规定好的，以便在最短的时间内将货物安全送抵各通航地点，且托运人及收货人可以及时了解货物的实时动态。

2. 包机、包舱运输

包机、包舱运输是指航空公司按规定及适用运费将整架飞机租给包机人，并将货物从一个或几个航站运往指定目的站的一种运输形式。这种运输形式较班机运输而言，运费更低，更适用于大宗货物，但有时包机代理公司会把一架飞机的舱位分别卖给几家航空货运代理公司，需要等待托运人备货，导致运送时间延长。

3. 集中托运

集中托运是指将不同批次需要单独发运的货物汇成一批办理托运，只需填写一份总的货运单发往同一目的站，由其指定的目的站代理人完成收货后，再根据航空分运单送往实际收货人手中的一种运输形式（见图 1-1）。这种运输形式是航空货运中最普遍的形式，也是航空货运代理的主要业务。

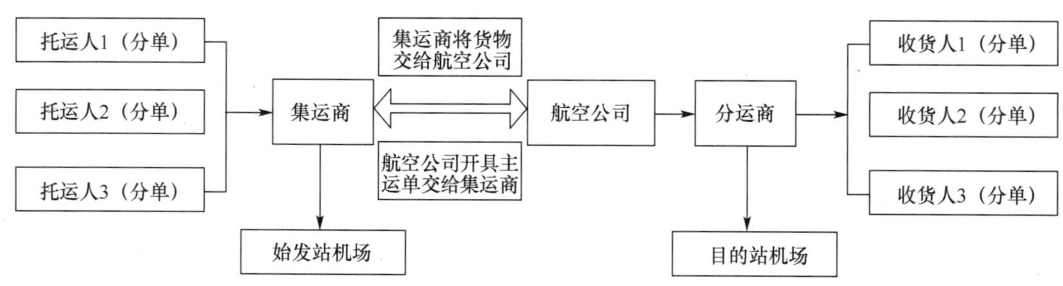

图 1-1　集中托运示意图

集中托运具有一定局限性，对于一些贵重物品、鲜活动物、危险品及对时间要求较高的货物等，航空公司规定不得进行集中托运。另外，对于一些可以享受航空公司优惠运价的货物，以集中托运的方式运输，不仅不能节约运费，还会增加托运人的运费负担。

4. 航空快递

航空快递是指具有独立法人资格的航空快递企业利用航空运输，按照向发件人承诺的时间，将货物或物品从发件人所在地通过自身航空网络或代理航空网络送达收件人的一种运输形式。

五、民航货物运输的运作模式

随着行业发展以及社会经济水平的提高，民航货物运输的运作模式也在不断发展变化，目前主要有以下几种运作模式。

1. 传统航空货运运作模式

从传统角度来看，航空货运运作模式就是客货兼营的航空公司，将货运业务从客运中独立出来，建立专门的航空货运公司，其主要业务为运输货物，而揽货、接货、订舱等业务由货运代理公司完成。将航空货运公司和货运代理模块组合在一起，就构成了传统的航空货运运作模式。一般采用这种货运模式的航空货运企业都是规模和运量较小，而且增值业务较少的企业。

2. 多式联运服务运作模式

20 世纪 70 年代，一些发达国家开始发展快速运输业务，形成了一种快速运输系统，该系统以航空运输为主，与其他运输方式相互衔接，发挥每种运输方式的优势，为客户提供效率高、全过程的运输服务。后来，这种航空物流服务方式不断升级，依靠发达的航空网络和强大的地面运输系统，发展成为多式联运服务运作模式。

3. 综合物流服务运作模式

20 世纪 80 年代，现代物流业不断发展，这给航空货运带来了广阔的发展空间，同时也将全球的航空物流企业带入综合物流时代，将加工、包装、仓储、装卸、地面运输、配送、资本流动、电子商务和信息服务等一些新的功能融入进去，为客户提供全面、一体化的综合物流服务以及相关的定制服务，由此，一种综合物流服务运作模式逐渐形成。

4. 供应链管理咨询服务运作模式

21 世纪后，供应链管理在理论和实践上已相当成熟，许多大型的航空物流企业为了在市场竞争中占据优势，开始对航空物流的供应链进行全面整合，以一体化的综合物流服务模式作为基础，转向供应链管理咨询服务运作模式。

延伸阅读

当前是信息经济时代，电子商务和航空货运是密不可分的两类企业。电子商务的实现离不开航空货运，航空货运的发展又有赖于电子商务。

传统的航空货运，有的以生产为中心，有的以成本或利润为中心，从本质上看，都是以商流为中心。但是在电子商务环境下，航空货运是以信息为中心的，信息对航空货运的方向以及对航空物流的实时控制都起着决定性作用。

电子商务的高效率、全球化需要航空货运的支持。对于航空货运来说，要想实现这个目标，就要有广阔的航线网络以及良好的物流基础设施，在仓储、装卸、搬运等方面不断完善，同时提高航空货运管理水平，建立科学有效的管理制度，以此来适应电子商务的发展。

航空货运的正常运转以及管理和决策，包括战略的制定，都离不开信息。在进行现代物流信息处理时，要以电子商务作为平台。现代物流从运输到配送有很多环节，要尽可能缩短物品的在途时间，减少库存，并做到供货及时，提高供应链的连续性和稳定性，同时，在物品流通过程中，还要保证信息的畅通。

六、民航货物运输组织及国际公约

民航货物运输过程烦琐复杂，需要整个体系协调配合，共同完成工作任务。在整个工作流程的运行过程中，必须要有明确的行业制度来约束不规范的行为，这需要专业的组织来运行和调整这些行业制度。

1. 民航货物运输组织

民航货物运输组织主要有国际民用航空组织、国际航空运输协会、国际货运代理协会联合会、国际航空电信协会和中国航空运输协会。

（1）国际民用航空组织

国际民用航空组织（International Civil Aviation Organization，ICAO）前身为根据 1919 年《巴黎公约》成立的空中航行国际委员会。ICAO 是联合国的一个专门机构，1944 年为促进全世界民用航空安全有序发展而成立，总部设在加拿大的蒙特利尔。ICAO 标识如图 1-2 所示。

(2) 国际航空运输协会

国际航空运输协会（International Air Transport Association，IATA）是一个国际性的民航组织，总部设在加拿大的蒙特利尔。不同于监管航空安全和规则的ICAO，IATA类似于国际协调组织，它由承运人组成，负责民航运输过程中有关票价、危险品运输注意事项等问题。IATA标识如图1-3所示。

图1-2　ICAO标识　　图1-3　IATA标识

(3) 国际货运代理协会联合会

国际货运代理协会联合会（International Federation of Freight Forwarders Associations，法文缩写FIATA），是一个不以营利为目的的国际性货运代理组织，总部设在瑞士的苏黎世。FIATA的设立在于保障并提高国际货运代理在全球范围内的利益，可以说，它是目前全世界运输领域中既不以营利为目的，又是非政府性质的国际性组织，它被联合国及其他政府组织和非政府国际组织认定为国际货运代理行业的代表，其国际影响力越来越大。FIATA标识如图1-4所示。

(4) 国际航空电信协会

国际航空电信协会（International Society for Telecommunications and Aeronautics，法文缩写SITA）被联合国民航组织认定为非营利性组织，它将成员航空公司的通信设备相互连接并共同使用，随着成员不断增加和航空运输业务对通信需求的增长，该组织已经成为世界范围内航空运输行业在电信以及信息技术解决方面的集成供应商。

(5) 中国航空运输协会

中国航空运输协会（China Air Transport Association，CATA）成立于2005年9月9日，是依据我国有关法律规定，经中华人民共和国民政部核准登记注册，以民用航空公司为主体，由航空运输企业、事业单位和社会团体自愿结成的行业性、非营利性社会组织。CATA标识如图1-5所示。

图 1-4　FIATA 标识　　图 1-5　CATA 标识

CATA 自成立以来，一直由中国民用航空局直接管理，其具体组织机构如图 1-6 所示。

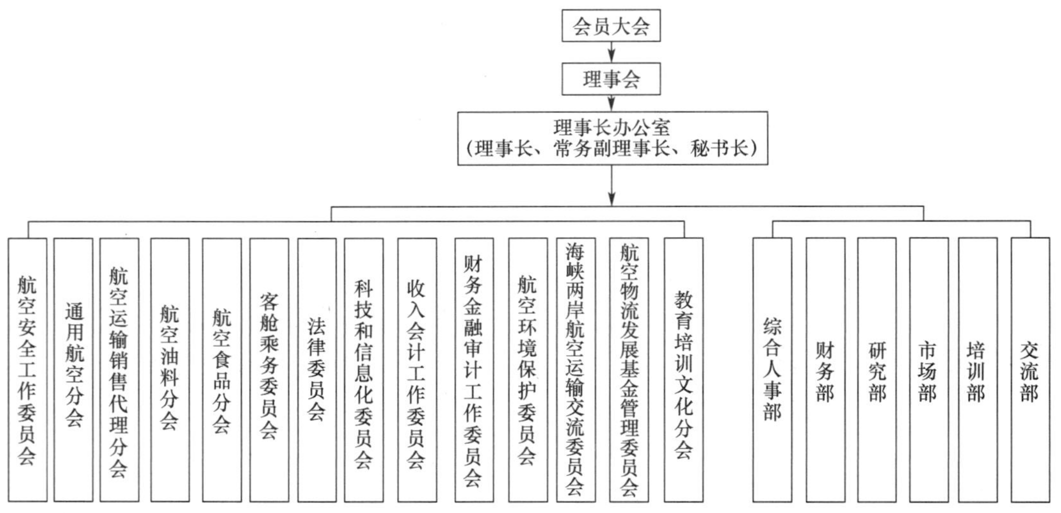

图 1-6　CATA 组织机构图示

2. 国际公约

（1）《芝加哥公约》

《芝加哥公约》（Chicago Convention）也称《国际民用航空公约》（Convention on International Civil Aviation），是一部国际民航组织的宪法，它使航空业务的管理有了法律依据。《芝加哥公约》于 1944 年 12 月初步订立，于 1947 年 4 月开始生效。在目前有关国际航空的诸多国际公约中，《芝加哥公约》的内容、地位和作用都是最重要的，它承认缔约国有享有本国领空的权利。

（2）《华沙公约》

1929 年制定的《华沙公约》（Warsaw Convention）是国际空运的基本公约，它规定了航空承运人一方和旅客、货物托运人与收货人另一方的法律义务和相互关系，并对航空承运人应承担的责任进行了明确，具体包括过失责任、赔偿责任最高限额、禁止空中承运人滥用免责条款等。

（3）《蒙特利尔公约》

为了较好地解决劫机事件，1971 年 9 月 8 日—23 日，国际民用航空组织在加拿大蒙特利尔召开了航空法外交会议，并于 9 月 23 日签订了《关于制止危害民用航空安全的非法行为的公约》，又称《蒙特利尔公约》。该公约共有 7 章 57 条，根据公约规定，航空承运人应当对旅客的人身伤亡、行李和货物损失以及由于航班延误造成的旅客、行李或货物的损失承担责任并予以赔偿。

（4）《中华人民共和国民用航空法》

《中华人民共和国民用航空法》（简称《民用航空法》）是一部维护我国领空主权，保障民用航空权利，确保民航各项活动安全有序开展，切实维护民航活动当事人的权益不受侵犯，推动民航事业发展的法律。该法于 1995 年 10 月经第八届全国人大常委会第十六次会议审议通过，并于 1996 年 3 月实施，目前使用的法律文本是 2021 年修正的。

七、航空区划

1. 世界航空区划

为保证国际航空运输安全和各国航空运输在技术规范、航行程序和操作上的一致性，国际航空运输协会统一协调、制定国际航空货物运输中各项规章制度和运费水平，充分考虑世界各个国家及地区的社会经济、贸易发展水平后，将全世界划分为三个航空运输业务区，称为国际航协交通协议区（简称航协区），包括 TC1 区、TC2 区和 TC3 区，其下又可以进行次一级的分区，称为次区，如图 1–7 所示。

（1）TC1 区

TC1 区东邻 TC2 区，西接 TC3 区，北起格陵兰岛，南至南极洲，包含的区域有北美洲、南美洲及其附近岛屿和海岸。

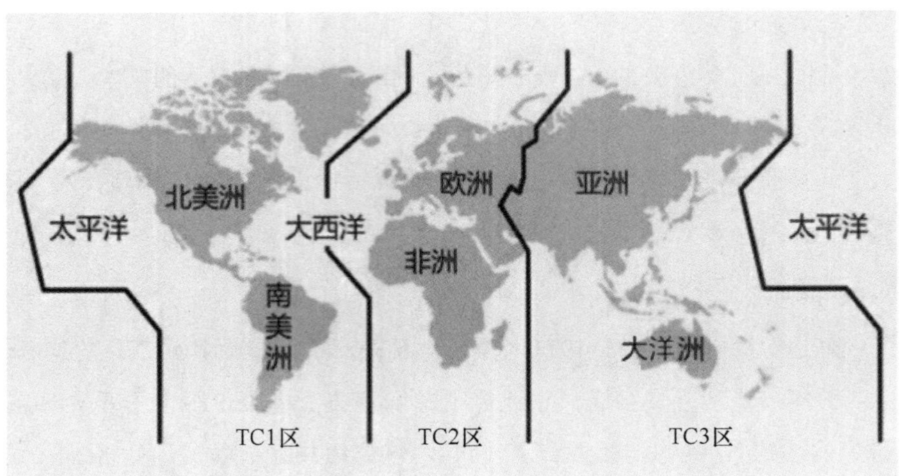

图 1-7　国际航协交通协议区

（2）TC2 区

TC2 区东邻 TC3 区，西接 TC1 区，北起北冰洋诸岛，南至南极洲，包含的区域有欧洲、非洲、中东地区及其附近岛屿。

（3）TC3 区

TC3 区东邻 TC1 区，西接 TC2 区，北起北冰洋，南至南极洲，包含的区域有亚洲、大洋洲及太平洋岛屿的广大地区。

延伸阅读

TC1 区：我国通航的国家主要为北美的加拿大和美国。通航的主要城市有温哥华、多伦多、旧金山、西雅图、洛杉矶、芝加哥等。

TC2 区：我国通航的国家主要为欧洲国家，也有少数中东和非洲国家，包括英国、法国、比利时、西班牙、瑞典、埃及、以色列、土耳其和埃塞俄比亚。通航的主要城市有伦敦、巴黎、法兰克福、哥本哈根、斯德哥尔摩、柏林、马德里、苏黎世、开罗等。

TC3 区：我国通航的国家主要为亚洲国家，也有少数大洋洲国家，包括日本、韩国、越南、马来西亚、新加坡、印度尼西亚、澳大利亚等。通航的主要城市有东京、大阪、福冈、长崎、新加坡、悉尼、雅加达等。

2. 中国航空区划

我国的航空运输活动空间十分广阔，为了因地制宜地安排运力，提高机场建设合理化程度，做好国内及国际航空运输的协调工作，实现经济效益和社会效益的最大化，我国在经济区划的基础上进行了航空区划，由中国民用航空局进行行业管理。中国民用航空局下设七大地区管理局，分别是华北管理局、华东管理局、西北管理局、西南管理局、中南管理局、东北管理局和新疆管理局。

单元二 民航货运代理

民航货运涉及面广、环节多，还会受到时间、地点以及条件的限制，这就需要精通航空运输业务，熟悉国家相关法规以及国际运输规则的民航货运代理企业来帮助完成，以便以最低的运费、最快的速度完成货物运输全过程。

一、民航货运代理的概念

民航货运代理是指接受货物收货人、发货人委托，以委托人的名义或者以自己的名义，为委托人办理货物运输及相关业务并收取服务报酬的行业。

二、民航货运代理的分类

1. 按照经营范围分类，民航货运代理可以分为国际代理和国内代理，其中国际代理必须拥有经营国际业务的资格，国内代理必须拥有经营国内业务的资格。根据中国民航局的规定，凡经营国际航线或港澳台航线的民航货运代理为国际代理，经营除港澳台以外的其他国内航线的民航货运代理为国内代理。

2. 按照业务性质分类，民航货运代理可以分为订舱揽货代理、货物装卸代理、货物转运代理、货物存储代理、货物理货代理和货物报关代理等。

3. 按照代理主体分类，民航货运代理可以分为 IATA 货运代理和普通航空货运代理。IATA 货运代理必须得到 IATA 成员航空公司认可和授权，并代表航空公司从事活动；普通航空货运代理通常接受托运人的委托，代表托运人处理各项业务。

三、民航货运代理人与航空公司、托运人之间的法律关系

结合我国法律制度，民航货运代理人（以下简称货代）和航空公司、托运人之间的

法律关系存在以下三种不同的模式。

1. 货代作为航空公司代理人的模式

在这种模式下，货代接受航空公司的委托，代表其与托运人签订运输合同。从某种程度上看，货代的行为也就是航空公司的行为。

2. 货代作为托运人代理人的模式

在这种模式下，货代接受托运人的委托，代表其办理托运业务。从某种程度上看，货代的行为也就是托运人的行为。

3. 货代独立运营的模式

在这种模式下，货代分别和托运人签订运输合同 A，和航空公司签订运输合同 B。在运输合同 A 中，货代为承运人；在运输合同 B 中，货代则为托运人。运输合同 A 和运输合同 B 之间的运费差价就是货代的主要收益来源。

四、民航货运代理进出口业务的流程

1. 民航货运代理进口业务流程

民航货运代理进口业务主要包括代理预报、交接单货、理货与仓储、理单与到货通知、制单和报关、收费和发货、送货和转运等，业务流程如图 1–8 所示。

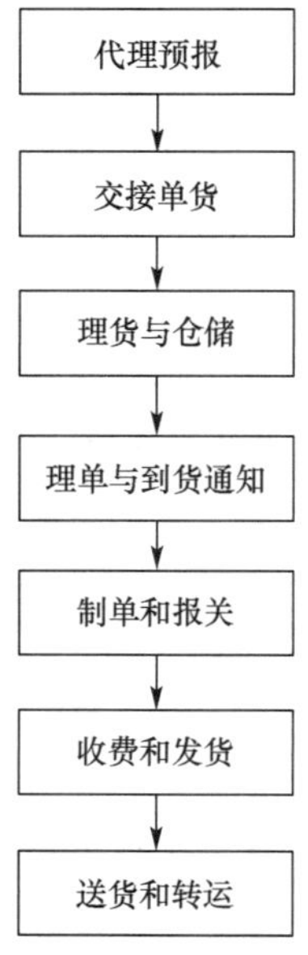

图 1–8　民航货运代理进口业务流程

2. 民航货运代理出口业务流程

民航货运代理出口业务流程如图 1-9 所示。

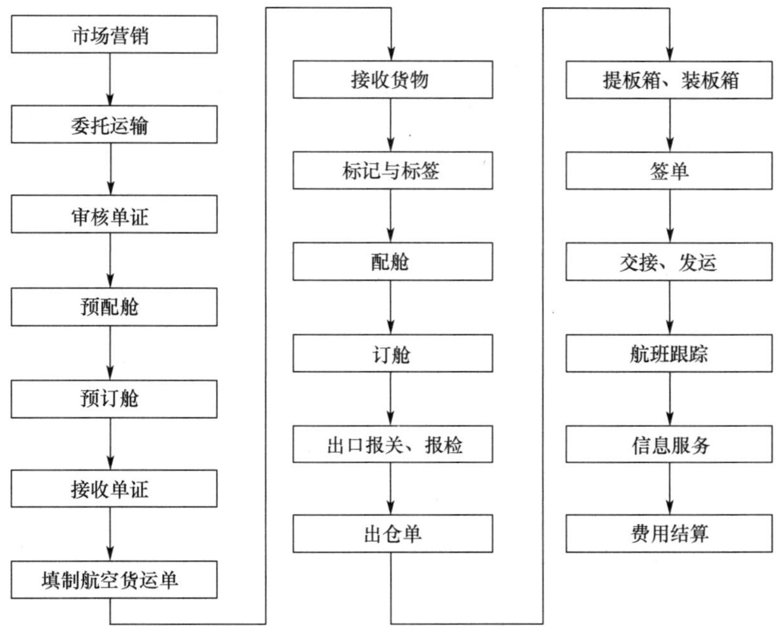

图 1-9　民航货运代理出口业务流程

思考与练习

1. 简述 ICAO、IATA、FIATA 等国际组织的基本情况。
2. 简述 IATA 业务区划与我国航空区划。
3. 简述民航货运代理的分类。
4. 简述民航货运代理进出口业务流程。

模块二 民航国内货物托运与收运

货物托运与收运环节是民航货物运输业务流程的起点。本模块重点讲述国内货物托运书和国内航空货运单的内容和填制要求，主要涉及国内货物运输流程中托运书的填写、货运单的填写、单证的审核、货物的接收、标记和标签以及各种限制条件等内容，同时参照民航国内货运以及航空公司的有关规定，对收运过程中的各项规定进行介绍。

学习目标

- ☞ 掌握国内货物托运书的填写方法
- ☞ 掌握国内航空货运单的填写方法
- ☞ 了解国内货物收运原则
- ☞ 了解国内货物收运限制与要求
- ☞ 了解特种货物的托收要求
- ☞ 熟悉货物包装标记、标签

单元一　国内货物托运

一、国内货物托运一般规定

1. 办理托运手续时，托运人必须提供有效身份证件。

2. 托运政府部门限制的货物，或是需要市场监管部门、公安部门、检疫部门许可才能运输的货物时，托运人需要获得以上部门开具的证明，同时对证明文件的准确性、真实性承担法律责任。

3. 严禁托运人上报与实际托运货物不符的品名，不允许在货物中夹杂限制类、禁止类的货物。

二、托运人有效身份证件

中国籍托运人有效身份证件包括居民身份证或临时身份证，警官或军官证，军队士兵证或学员证，军队离退休干部证或文职干部证，香港、澳门地区居民来往内地通行证，台湾地区居民来往大陆通行证等；外国籍托运人有效身份证件包括护照、外交官证、旅行证等。

未满 18 周岁的未成年人，有效身份证件包括本人学生证、户籍地派出所开具的有效身份证明、户口簿等。

三、国内货物托运书

国内货物托运书是指托运人进行国内货物托运时需要填写的书面形式的文件，并以此为依据填开国内航空货运单。

1. 国内货物托运书的一般规定

（1）托运人若要完成货物的托运，必须如实填写国内货物托运书，同时对填写的内容、各项声明与说明的准确性、真实性负责。

（2）国内货物托运书可以使用钢笔或圆珠笔填写，填写时必须保证字迹工整、清晰，内容齐全，禁止使用简化字。如直接打印国内货物托运书，则需最后盖章。

（3）国内货物托运书中无论是托运人还是收货人都只能有一个，其中收货人可以是某自然人，也可以是某具体单位。

（4）若存在以下任一情形时，需分别填写国内货物托运书：

1）货物运输条件不同（如有普通件与急件之分）；

2）货物性质不同（如有普通货物与危险品之分）；

3）货物目的地不同；

4）货物收货人不同。

（5）如果托运人所托物品为私人物品，需将物品名称及数量详细罗列在国内货物托运书中，或者填开装箱清单附于托运书后。

（6）国内货物托运书需连同国内航空货运单存根联一同装订，保留并存档。

2. 国内货物托运书的填写

（1）始发站栏：填写始发站机场所在城市全称，使用中文书写，禁止使用缩写或用英文代码替代。若所在城市有两个及两个以上机场，需在城市名称后添加具体机场名称，如上海虹桥、上海浦东等。

（2）目的站栏：填写目的站机场所在城市全称，使用中文书写，禁止使用缩写或用英文代码替代。若所在城市有两个及两个以上机场，需在城市名称后添加具体机场名称，如上海虹桥、上海浦东等。

（3）托运人信息栏：其中姓名要填写托运人有效身份证件中的全名，地址以及单位名称需具体、详细，邮政编码、电话的填写保证准确、清晰。

（4）收货人信息栏：其中姓名要填写收货人有效身份证件中的全名或收货单位具体名称，地址需具体、详细，邮政编码、电话的填写保证准确、清晰。

（5）件数栏：按种类分别填写货物件数和总件数。

（6）包装栏：按种类填写货物外包装类型。若种类相同但包装不同，需要分别填写数量及对应的包装类型，如纸箱、铁桶、木箱等。如果货物体积比较大或者属于轻泡货物，需填写货物外包装尺寸，通常尺寸的填写顺序为长 × 宽 × 高 × 件数。

（7）货物品名栏：填写货物的具体名称。填写时不能按品牌或者统称的方式填写，如计算机和电视机等填写时不能直接写成电子产品，压力表和心电图仪填写时不能缩写为仪表、仪器等。另外，应注意快件、急件或者动物等词汇不属于货物品名。

（8）实际重量栏：该栏由收运人补充填写，同时对各类货物的毛重、总毛重进行复核。

（9）计费重量栏：计费重量是指根据货物毛重、体积折算的重量或采用重量分界点运价比较后最终确定的计费重量。该栏由收运人补充填写，同时对货物重量进行复核，这是计算运费的前提。

（10）储运注意事项栏：填写货物在保管及运输期间应该注意的事项以及一些其他相关事宜。例如，易碎、防潮、小心轻放等。

（11）运输声明价值栏：托运人将货物的声明价值填写在此栏内，若不办理声明价值，需在此栏注明“无”或填写“NVD”（No Value Declared）。

（12）保险价值栏：托运人以自愿为原则选择投保航空运输险，若投保，需将投保价值填在此栏中，如果已办理声明价值，可以在此栏填写“×××”或空白。

（13）航空货运单号码栏：该栏由承运人填写，将航空货运单号填入此栏内。

（14）运输类型栏：包括限时运输当日达、限时运输次日达、非限时运输几种类型，在相应的类型前画“√”。

（15）运输方式栏：包括预付、到付两种方式，选中后画“√”。

（16）提货方式栏：包括机场自提、市内自提、送货上门三种方式，选中后画“√”。

（17）托运单位、经手人签名栏：由托运人或其代理人签字或盖章。

（18）经手人身份证号码栏：填写经手人身份证号码。

（19）经办人、复核人签名及日期栏：由经办人及复核人签字，同时填写收运货物日期。

以上各项详见表 2–1。

表 2–1 国内货物托运书

始发站	（1）	目的站	（2）
托运人姓名	（3）	邮政编码	（3）
托运人地址	（3）	联系电话	（3）

续表

<table>
<tr><td>收货人姓名</td><td colspan="2">（4）</td><td>邮政编码</td><td>（4）</td></tr>
<tr><td>收货人地址</td><td colspan="2">（4）</td><td>联系电话</td><td>（4）</td></tr>
<tr><td>件数</td><td>包装</td><td>货物品名</td><td colspan="2">重量</td></tr>
<tr><td rowspan="2">（5）</td><td rowspan="2">（6）</td><td rowspan="2">（7）</td><td>实际</td><td>计费</td></tr>
<tr><td>（8）</td><td>（9）</td></tr>
<tr><td rowspan="4">储运注意事项</td><td colspan="2" rowspan="4">（10）</td><td>运输声明价值</td><td>保险价值</td></tr>
<tr><td>（11）</td><td>（12）</td></tr>
<tr><td colspan="2">航空货运单号码</td></tr>
<tr><td colspan="2">（13）</td></tr>
<tr><td>运输类型</td><td colspan="4">限时运输当日达 □　限时运输次日达 □　非限时运输 □（14）</td></tr>
<tr><td>运输方式</td><td>预付□　到付□（15）</td><td>提货方式</td><td colspan="2">机场自提□　市内自提□
送货上门□（16）</td></tr>
<tr><td colspan="5">托运须知：
1. 托运人所申报货物品名必须真实，同时保证货物中并未夹杂易燃易爆、易腐蚀、法律明文限制和禁止的货物；否则，造成的一切损失由托运人负责。
2. 整个货物运输须遵守《中华人民共和国民用航空法》《中国民用航空货物国内运输规则》等相关规定。</td></tr>
<tr><td colspan="3">本人郑重声明：本人已了解并接受托运须知内容，同时对本人所填内容的准确性、真实性负责。
托运单位：（17）
经手人签名：（17）
经手人身份证号码：（18）
年　月　日</td><td colspan="2">经办人签名：（19）
复核人签名：（19）
年　月　日</td></tr>
</table>

四、国内航空货运单

国内航空货运单是指托运人和承运人之间订立的国内航空货物运输合同，是计算运费的依据和财务票据。

1. 国内航空货运单的一般规定

（1）国内航空货运单的填制需由托运人完成，若其本人无法填写，承运人可根据托运人已填好的托运书内容代其填写货运单。

（2）填好国内航空货运单以后，托运人需要复核，确认无误后签字，同时需要对货运单中所填内容的准确性、真实性负责。

（3）承运人需在国内航空货运单的每一联盖章，完成此步骤后，只有托运人和承运人均在货运单上签字后，货运单才会生效。

（4）国内航空货运单需按照编号顺序依次使用，不能出现越号的现象。

（5）国内航空货运单通常通过计算机打制，如果只能人工填写，需使用圆珠笔或签字笔，同时保证所填内容完整、准确，字迹端正、清晰。国内航空货运单填制内容不能缩减甚至省略，如果所填内容存在涂改或删除痕迹，承运人可拒收货运单。

（6）国内航空货运单不得转让。

小提示

如果国内航空货运单内容有误需要修改时，首先将书写错误的地方划掉，然后在旁白处写上正确内容，每一联修改处都需要有修改人的签名或其戳印。

➢ 一份货运单中每一栏限定修改次数只有一次。

➢ 一份货运单最多只能修改三处(关联栏修改可以视为一处，但只限定一次)。若多处填写有误或者所填内容无法更改时，需重新填写货运单。

➢ 国内航空货运单如需作废，每一联都需加盖“作废”戳印，然后连同销售日报一起做注销处理。

2. 国内航空货运单的有效性

国内航空货运单填开完成后，托运人与承运人分别签字、盖章后即可生效。当货物及货运单抵达目的站，收货人提取货物并在货运单上签字确认以后，货运单运输凭证功能的有效期结束，但是其运输合同功能还未结束，从运输停止之日起 2 年内都具有法律效力。

3. 国内航空货运单各联的用途

国内航空货运单一式八联，其中正本三联、副本五联。正本每一联的法律效力都是相同的。国内航空货运单各联用途见表 2–2。

表 2–2　　国内航空货运单各联用途

联号	联别	颜色	联名	用途
甲联	正本 3	蓝色	托运人联	托运人支付运费、承运人承运货物的依据
乙联	正本 1	绿色	开票人财务联	具有记账凭证的作用，应及时交给财务部门
丙联	副本 7	粉红色	第一承运人联	第一承运人交给本单位财务部门结算使用
丁联	正本 2	黄色	收货人联	在目的站交收货人
戊联	副本 4	白色	货物交付联	收货人提取货物需在该联签字，承运人保留、存档
己联	副本 5	白色	目的站联	由目的站机场留存，也可作为第三承运人联，由第三承运人交给本单位财务部门结算使用
庚联	副本 6	白色	第二承运人联	第二承运人交给本单位财务部门结算使用
辛联	副本 8	白色	代理人联 / 承运人开票存根联	填制人保留、存档，便于后期需要时查找

4. 国内航空货运单的填写

（1）票证代号栏：填写印制或打印票证注册代号，如深航票证代号为“479”。

（2）货运单号码栏：由 8 位数字组成，其中前 7 位属于顺序号，最后一位是检查号，是前 7 位数字除以 7 的余数。

（3）始发站栏：填写始发站机场所在城市全称，使用中文书写，禁止使用缩写或用英文代码替代。若所在城市有两个及两个以上机场，需在城市名称后添加具体机场名称，如上海虹桥、上海浦东等。

（4）目的站栏：填写目的站机场所在城市全称，使用中文书写，禁止使用缩写或用英文代码替代。若所在城市有两个及两个以上机场，需在城市名称后添加具体机场名称，如上海虹桥、上海浦东等。

（5）托运人信息栏：其中姓名要填写托运人有效身份证件中的全名，地址以及单位名称需具体、详细，邮政编码、电话号码的填写保证准确、清晰。

（6）收货人信息栏：其中姓名要填写收货人有效身份证件中的全名或收货单位具体

名称，地址需具体、详细，邮政编码、电话号码的填写保证准确、清晰。

（7）航线

7a）到达站栏：填写目的地机场或第一中转站机场的英文三字代码。

7b）第一承运人栏：填写第一承运人的英文两字代码。

7c）到达站栏：填写目的地机场或第二中转站机场的英文三字代码。

7d）第二承运人栏：填写第二承运人的英文两字代码。

7e）到达站栏：填写目的地机场或第三中转站机场的英文三字代码。

7f）第三承运人栏：填写第三承运人的英文两字代码。

（8）航班 / 日期栏：填写已订妥的始发航班 / 日期及续程航班 / 日期（默认第一格填写始发航班 / 日期，第二格填写续程航班 / 日期）。

（9）运输声明价值栏：填写向承运人声明的货物到达目的站并完成交付的价值。若不做声明价值，在此栏中注明“无”。

（10）运输保险价值栏：填写托运人购买保险的货物价值，如果不投标，在此栏中注明“无”。

（11）储运注意事项及其他栏：填写货物保管、运输期间需要注意的事项以及其他相关事项，提出的事项必须保证在承运人及相关承运人的储运能力以内。

（12）件数 / 运价点栏：填写货物的件数。若适用货物运价种类不同，需分别填写件数，总件数填入下方空白栏内。若货物运价由几个分段相加而成，需将运价点城市的英文三字代码填入件数下方。

（13）毛重栏：在与货物件数对称的同一行填入毛重，如果需要分别填写，应将总重量填入下方空白栏内。

（14）运价种类栏：填写不同的运价种类代号。

例如：

M—最低运费；

N—45 kg 以下普通货物运价；

Q—45 kg 以上普通货物运价；

C—指定商品运价；

S—等级货物运价。

（15）商品代号栏：应根据下列情况分别填写。

若在运价种类栏中填写的代码为“C”，那么本栏需填写商品代号，如 C0007。

若在运价种类栏中填写的代码为“S”，那么本栏需填写适用的普通货物运价百分比，如 N100、N150、Q110、Q150 等。

若在运价种类栏中填写的代码为“Q”，那么本栏需填写适用的计费分界点重量，如 Q45、Q100 等。

若适用的是最低运价，那么在运价种类栏中填写代码“M”。

（16）计费重量栏：填写货物的毛重。

若根据体积计算重量，所得结果超出实际毛重时，本栏内应填写体积重量。

航空运费的计算若采取“从低原则”，那么计费分界点重量便是货物的计费重量。若采取最低运价计算，那么本栏无需填写。

（17）费率栏：填写从始发站到目的站之间各类货物的适用运价。

（18）航空运费栏：按货物重量与适用费率算出运费后填写。若需分别填写，则将总数填入下方空白栏内。

（19）货物品名栏：填写货物的具体名称。填写时不能按品牌或者统称的方式填写，如计算机和电视机等填写时不能直接写成电子产品，压力表和心电图仪填写时不能缩写为仪表、仪器等。另外，应注意快件、急件或者动物等词汇不属于货物品名。

按种类填写货物外包装类型，若种类相同但包装不同，需要分别填写数量及对应的包装类型，如纸箱、铁桶、木箱等。

货物尺寸需按件填写，通常尺寸的填写顺序为长 × 宽 × 高 × 件数。如果货物尺寸无法分别填写，需填写整票货物的体积。

本栏填写顺序为：货物品名、件数 / 包装、货物尺寸或体积。

（20）预付

20a）预付航空运费栏：填写（18）栏中的航空运费总额。

20b）预付声明价值附加费栏：填写根据规定收取的金额。

20c）预付地面运费栏：填写根据计费重量、适用费率算出的总额。

20d）预付其他费用栏：填写（22）栏中所有费用之和。

20e）空栏：可以填写保险费率和保险额。

20f）预付总额栏：填写 20a）栏至 20e）栏的总额。

（21）到付

21a）到付航空运费栏：填写（18）栏中的航空运费总额。

21b）到付声明价值附加费栏：填写根据规定收取的声明价值附加费。

21c）到付地面运费栏：填写按计费重量、适用的地面运费费率算出的货物地面运费总额。

21d）到付其他费用栏：填写（22）栏中所有费用之和。

21e）空栏：可以填写保险费率和保险额。

21f）到付总额栏：填写21a）栏至21e）栏的总额。

（22）其他费用栏：填写除21a）栏、21b）栏、21c）栏以外的按规定收取的其他费用的名称及对应的数额。

（23）付款方式栏：填写托运人或收货人的费用支付方式，如现金、支票等，若通过支票方式支付，需将支票号码准确填写在此栏中。

（24）收货人签字/日期栏（货物交付联）：收货人负责填写，确认无误后签字，同时注明提货日期。

货物提取时完好无损 Received in Good Order and Condition	
收货人签字 Received By	日期 Date

（25）收货人有效身份证件号码栏（货物交付联）：填写收货人身份证件类型名称及号码。

收货人有效身份证件及号码 ID Card Number

（26）交付人签字/日期栏（货物交付联）：交付货物后由经办人员签字确认，同时注明交付的具体日期。

交付人签字 Delivered By	日期 Date

（27）结算注意事项栏：填写与收费有关的注意事项或其他指定内容。

（28）填开货运单的代理人名称栏：填写填制货运单的销售代理人名称。

（29）托运人或其代理人签字、盖章栏：由托运人或其代理人签字、盖章。

（30）填开日期栏：填写货运单的填开日期。

（31）填开地点栏：填写货运单的填开地点。

（32）填开人或其代理人签字、盖章栏：由填制货运单的承运人或其代理人签字、盖章。

以上各项详见表2-3。

表 2-3　　国内航空货运单

×××（1）　　×××（2）

<table>
<tr><td>始发站
Airport of
Departure</td><td>（3）</td><td>目的站
Airport of
Destination</td><td>（4）</td><td colspan="4" rowspan="2">不得转让 NOT NEGOTIABLE
航空货运单
AIR WAYBILL　SHENZHEN AIRLINES
深圳　宝安机场
BAOAN AIRPORT
SHENZHEN.P.R.CHINA
邮政编码 POST CODE 518128
印发人
Issued By</td></tr>
<tr><td colspan="4" rowspan="2">托运人姓名、地址、邮政编码、电话号码
Consignee's Name，Address，Postcode & Telephone No.
（5）</td></tr>
<tr><td colspan="4">航空货运单一、二、三联为正本，并具有同等法律效力。
Copies 1，2and 3 of this Air Waybill are originals and have the same validity</td></tr>
<tr><td colspan="4" rowspan="2">收货人姓名、地址、邮政编码、电话号码
Shipper's Name，Address，Postcode & Telephone No.
（6）</td><td colspan="4">结算注意事项 Accounting Information
（27）</td></tr>
<tr><td colspan="4">填开货运单的代理人名称（28）
Issuing Carrier's Agent Name</td></tr>
<tr><td>航线
（7）
Routing</td><td>到达站 To
7a）</td><td colspan="2">第一承运人 By First
Carrier 7b）</td><td>到达站 To
7c）</td><td>承运人 By
7d）</td><td>到达站 To
7e）</td><td>承运人 By
7f）</td></tr>
<tr><td colspan="2">航班 / 日期
Flight/Date （8）</td><td colspan="2">航班 / 日期
Flight/Date （8）</td><td colspan="2">运输声明价值
Declared Value for Carriage
（9）</td><td colspan="2">运输保险价值
Amount of Insurance
（10）</td></tr>
<tr><td colspan="8">储运注意事项及其他 Handling Information and Others
（11）</td></tr>
<tr><td>件数
No.of
Pcs.
运价点
RCP</td><td>毛重
（kg）
Gross
Weight
（kg）</td><td>运价
种类
Rate
Class</td><td>商品代号
Comm.
Item No.</td><td>计费重量
（kg）
Chargeable
Weight
（kg）</td><td>费率
Rate/kg</td><td>航空运费
Weight
Charge</td><td>货物品名（包括包装、尺寸或体积）
Description of Goods（incl.Packaging，Dimensions or Volume）</td></tr>
<tr><td>（12）</td><td>（13）</td><td>（14）</td><td>（15）</td><td>（16）</td><td>（17）</td><td>（18）</td><td>（19）</td></tr>
<tr><td colspan="2">预付 Prepaid
（20）</td><td colspan="3">到付 Collect
（21）</td><td colspan="3">其他费用 Other Charges
（22）</td></tr>
</table>

续表

<table>
<tr><td>20a）</td><td>航空运费
Weight Charge</td><td>21a）</td><td rowspan="4">本人郑重声明：此航空货运单上所填货物品名和货物运输声明价值与实际交运货物品名和货物实际价值完全一致。并对所填航空货运单和所提供的与运输有关文件的真实性和准确性负责。
Shipper certifies that description of goods and declared value for carriage on the face hereof are consistent with actual description of goods and actual value of goods and that particulars on the face hereof are correct.
托运人或其代理人签字、盖章（29）
Signature of Shipper or His Agent</td></tr>
<tr><td>20b）</td><td>声明价值附加费
Valuation Charge</td><td>21b）</td></tr>
<tr><td>20c）</td><td>地面运费
Surface Charge</td><td>21c）</td></tr>
<tr><td>20d）</td><td>其他费用
Other Charges</td><td>21d）</td></tr>
<tr><td>20e）</td><td></td><td>21e）</td><td rowspan="2">填开日期 Executed on（Date）（30）
填开地点 At（place）（31）
填开人或其代理人签字、盖章 Signature of Issuing Carrier or Its Agent（32）</td></tr>
<tr><td>20f）</td><td>总额（人民币）
Total（CNY）</td><td>21f）</td></tr>
<tr><td colspan="2">付款方式
Form of Payment</td><td colspan="2">（23）</td></tr>
</table>

注：本表为航空货运单正本，（24）（25）（26）栏为副本内容，不在本表中出现。

五、国内货物运费销售日报

国内货物运费销售日报（以下简称销售日报）是当日国内运费收入的汇总记录表，是结算当日销售收入的依据之一，详见表 2-4。

表 2-4　　　　国内货物运费销售日报

<table>
<tr><th rowspan="3">货运单号码</th><th rowspan="3">收据号码</th><th colspan="5">出港运费</th><th rowspan="3">预收款</th><th colspan="4">其他</th></tr>
<tr><th colspan="2">金额</th><th rowspan="2">折扣</th><th colspan="2">净额</th><th rowspan="2">货运单费</th><th rowspan="2">声明价值</th><th rowspan="2">其他费用</th><th rowspan="2">备注</th></tr>
<tr><th>PP</th><th>CC</th><th>PP</th><th>CC</th></tr>
<tr><td></td><td></td><td></td><td></td><td></td><td></td><td></td><td></td><td></td><td></td><td></td><td></td></tr>
<tr><td></td><td></td><td></td><td></td><td></td><td></td><td></td><td></td><td></td><td></td><td></td><td></td></tr>
<tr><td></td><td></td><td></td><td></td><td></td><td></td><td></td><td></td><td></td><td></td><td></td><td></td></tr>
<tr><td></td><td></td><td></td><td></td><td></td><td></td><td></td><td></td><td></td><td></td><td></td><td></td></tr>
<tr><td colspan="2">合计</td><td></td><td>（）</td><td></td><td></td><td>（）</td><td></td><td></td><td></td><td></td><td></td></tr>
</table>

制表人：　　　　收款人：　　　　复核人：

1. 销售日报的填写要求

销售日报一式三联，由计算机自动打制。需要人工填写时，使用圆珠笔和双面复写纸填写，要求字迹清楚、数字准确。销售日报的每一页都需填写顺序页号。

2. 销售日报的处理

将销售日报连同票据的财务联、现金及支票送交收入结算部门，由收入结算部门送财务部门审核、签字后，一份由收运部门留存，另两份由收入结算部门留存。

使用后的各类票据存根应及时销号并妥善保管。

单元二　国内货物收运

一、国内货物收运原则及收运流程

1. 国内货物收运原则

（1）凡属于国家法律、法规明令禁止运输的货物，一律不得收运。

延伸阅读

我国政府明令禁止运输的物品具体包括以下几类：

（1）菌种：马脑脊髓炎病毒、霍乱以及鼠疫病毒、鹦鹉病病毒。

（2）土拨鼠及其制成品。

（3）虎骨、犀牛角及其制品。

（4）严禁航空运输的危险品。

（5）政府发布的其他禁止运输的物品。

（2）承运人规定的不承运物品也属于禁止运输货物。承运人不同，其禁止运输的物品也不尽相同，运输前需要向承运人详细咨询。

（3）凡属于国家法律、法规明令限制运输的货物，需满足规定的要求或手续后方可收运，主要包括鸦片、海洛因、吗啡等烟草毒品，罂粟壳，麻醉药品，金属矿砂，炸药，粮食，木材，濒危动、植物等。

（4）收运的货物中不得夹杂政府禁运、限制运输的货物，不能携带危险品、贵重品以及具有保密性的文件或资料。

（5）特种货物对运输条件的要求高，如生物制品、活体动物、鲜活易腐品等，在收运过程中必须符合承运人的相关要求。

（6）收运的货物不能对飞机、机上人员人身及财产安全产生危害，不可影响机上乘客。

延伸阅读

常见特种货物的托收原则如下：

1. 外交信袋

外交信袋应有完好的包装和托运人自己的封志，运输时应放在货舱内的明显位置，不能与航空邮件装在一起，注意远离放射物质和磁性物质。

2. 危险品

托运人向承运人托运危险货物时，需在危险物品申报单上正确填写危险品运输专用名称，并对其正确性负责。承运人接受托运人委托时，必须对托运人提交的托运证明书和托运货物对照《危险品规则》（DGR）进行全面、详尽、严格的审核，并认真填写危险货物核查单。

3. 活体动物

活体动物的航空运输，一般参照国际航空运输协会（IATA）制定的《活体动物规则》（LAR）有关规定及承运人操作手册操作。

4. 鲜活易腐物品

鲜活易腐物品在托运前，应书面提出最长允许运输时限和运输注意事项，并订妥舱位，按约定时间送至机场办理托运手续。如果承运人认为无法满足托运要求，可以拒绝收运。

5. 骨灰

骨灰运输托运人必须提供卫生部门出具的死亡证明书及丧葬部门出具的火化证明书。骨灰装舱后，应在发给有关航站的载重电报中说明骨灰的装载位置。骨灰可装在下货舱，也可由旅客随身携带。国内运输中，作为货物托运的骨灰，按急件货物运价收费，优先发送。国际运输中，骨灰按等级货物运价收费，应填写特种货物机长通知单，事先通知机组。

6. 灵柩

灵柩运输托运人必须提供卫生或其他有关部门出具的相应证明。灵柩尽可能利用直达航班运送，填写特种货物机长通知单，事先通知机组人员。灵柩应在飞机起飞前 2 小时由托运人送至机场，在旅客上机前装妥，在旅客下机后卸机。

2. 国内货物收运流程

（1）检查托运人的有效身份证件。

（2）检查托运人所填国内货物托运书以及相关文件是否合规。

（3）检查货物品名与国内货物托运书中填写是否一致，货物重量、体积和包装等是否满足运输要求。

（4）检查收运货物的安全性。

（5）检查完成后清点货物数量并称重，将重量、尺寸准确填入国内货物托运书对应的栏目内。

（6）贴（挂）货物运输标签。

（7）计算运费，补充国内货物托运书内容。

（8）收取航空运输费用。

（9）填写交接清单。

（10）交接发运。

（11）编制销售日报。

二、国内货物收运的限制与要求

1. 重量、体积限制

（1）重量限制

航空运输所使用的飞机基本上分为宽体机和窄体机两类。宽体机主要采用集装货物装载的方式，装机操作使用专用机械设备；窄体机主要采用散货装载的方式，一般需要人工搬运装卸。承运人在收运货物时，首先应判断货物的重量是否符合运输要求，以此决定能否接收。

窄体机、宽体机对货物重量的限制存在一些差异，窄体机所载单件货物重量不能重于 80 kg，宽体机的要求是不能重于 250 kg。超过以上重量的货物，需要提前告知承运人，承运人根据所用机型和始发地及目的地机场的装卸条件，确定是否可以收运。

（2）体积限制

不同的机型，货舱的尺寸和空间大小不同，都有各自对装载货物尺寸的限制。宽体机所载货物体积通常限定在 100 cm × 100 cm × 140 cm 以内，除此之外的其他飞机所载货物体积通常限定在 40 cm × 60 cm × 100 cm 以内。货物最小尺寸也有限制，如货物最小边长至少为 5 cm，并且三边之和需大于或等于 40 cm，若未达到此规定，货物需通过加大外包装才能被收运。

如果货物大小超过以上尺寸，需要提前告知承运人，承运人根据机型确定是否可以收运。

2. 货舱地板承重限制

货舱对每平方米的地板承重具有一定要求，若承受力超过要求，无论是货舱地板还是飞机结构都会受到不同程度的损坏，因此，承运人在收运货物时要注意判断货物是否满足此项要求，以免直接装载造成飞机结构损坏。

一般超大、超重货物组装集装器时必须采取的措施有两个：一个是为保证飞机货舱地板承重在规定范围内，在集装器地板与货物之间增加支撑货物垫板，以分散货物重量；另一个是为保证货物在飞机上的稳定，采取额外捆绑的固定措施。

3. 价值限制

对于国内货物运输，每票货物声明价值不得高于 50 万元；客货混用机每次班机载运货物的总价值不得高于 500 万元。

如果托运人申报的声明价值超过此限制，需要填写多份国内航空货运单，由此产生的工本费由托运人承担。

单元三　货物包装

为了保证飞行安全、运输质量和操作便利，货物的包装应符合国家标准，对于不符合国家标准的货物，承运人应根据货物性质、大小、轻重、形状、中转次数、气候以及飞机装载条件，要求托运人选用适当的材料及包装方法，进行妥善包装。

一、运输包装的作用

运输包装的作用是在流通过程中保证货物质量完好和数量完整，便于货物运输、装卸、交接、保管和成组化，加快货物周转速度，促进生产和销售等。具体有以下几个方面：

1. 防止货物受潮、破损、变质等，确保货物质量完好。

2. 防止货物散落、泄漏、短缺，确保货物数量完整。

3. 防止货物本身的毒害或其他危险物的扩散。

4. 便于货物的运输、装卸和堆码保管。

5. 便于理货、交接、计数，提高装卸运输效率。

二、运输包装的类型

常用的运输包装类型见表 2–5。

表 2–5　　运输包装的类型

形状	材料
桶	铁桶、木桶、纸桶、塑料桶
箱	纸箱、木箱
袋	麻袋、布袋、纸袋、塑料袋

三、运输包装的一般要求

1. 托运人应参照航空运输的规定以及货物的性质选择合适的包装材料以及打包方法。

2. 包装必须坚固且状况良好，以防止运输途中由于各种情况可能造成的损坏、泄漏、漫溢等；防止由于堆放、晃动或温度变化引起的货物损坏或变质；保护操作人员免受伤害、污染，防止航空器受到破坏。

3. 包装时，不但要考虑货物的性质和重量，还要考虑装卸、堆放和搬运的方便性原则。包装表面禁止存在钉状物等。包装应当保证清洁、干燥、无油且没有异味。

4. 特殊货物必须按照其特性以及安全标准进行包装。

5. 包装中的木片或纸屑等内衬材料不得泄漏。

6. 外包装应按规定与包装袋绑在一起，包装袋应能承受货物的全部重量，以保证货物在抓拿的时候不会出现松动或者破裂的情况。

7. 严禁将动物、泥制品及草制品用作包装材料或用于捆扎。

8. 如果包装不符合承运人的要求，承运人可以要求托运人进行纠正或重新打包，直到符合要求为止。

四、常见特种货物的包装要求

特种货物的包装必须满足指定物品相应包装等级的性能测试要求。常见特种货物的具体包装要求如下：

鲜活易腐物品的包装必须不致污染、损坏飞机和其他货物，需要特殊照料的鲜活易腐物品，托运人应自备必要设施，必要时由托运人派人押运。

贵重物品外包装必须是质地坚硬且完好的木箱、铁箱或硬质塑料箱。包装外必须使用铁质包装带呈“井”字形捆扎。贵重物品（运输声明价值符合贵重物品限制的除外）的外包装上不得有任何粘贴物，只允许使用挂签，不得使用贴签。

水产品外包装外应清晰印刷、张贴或拴挂“向上”“怕晒”“怕雨淋”“禁用手钩”“禁止翻滚”等操作标志。

活体动物的包装必须清洁、结构合理、通风良好，防渗漏、防逃逸，保证动物安全舒适，便于安全操作。凶猛动物如狮、虎、豹、熊、狼、蟒等应用铁笼盛装，外加双层铁网，并有便于装卸的把环。包装底部应置有防止动物排泄物散溢的设施，必要时加放四边向上折起的具有足够高度的金属或塑料托盘，托盘内应放有足够的吸湿物。如承运人不具备照料动物的特殊设备或装卸大动物的人力和设备，应由托运人提供。

五、标记、标签

货物标志有标记和标签两种，由托运人或其代理人在货物包装上书写，然后粘贴或者拴挂在货物上，这是完成托运的必要环节。

1. 货物标记

货物标记是指托运人在外包装上通过书写、印制或者粘贴等方式注明的托运说明及注意事项等内容，具体包括如下内容：

（1）货物目的站，收货人准确的名称、电话和地址，此项为必填项。

（2）货物始发站，托运人准确的名称、电话和地址，此项为必填项。

（3）储运注意事项，如“禁止倒置”“注意防潮”“小心轻放”等。对于体积或重量较大的货物，还需在外包装表面注明“由此吊起”或者“重心点”等图标。

（4）合同号、包装系列号等其他内容。

（5）货物的单件毛重或净重。

小提示

➢ 货物标记中的内容需与货运单中所填内容保持一致。

➢ 同一货运单中的每件货物外包装均需单独书写货物标记，若外包装不便书写，可在纸张上书写后粘贴于外包装上。若外包装上不能粘贴，可在木板、纸板或布条上书写后拴在或者钉在外包装上。

➢ 如果使用的是旧包装，需将原包装上的标记彻底清除干净。

➢ 包装上粘贴或者拴、钉的标记应保证字迹清晰、便于识别，而且保持牢固。

2. 运输标签

运输标签是指粘贴或拴挂在货物外包装上，便于运输过程中识别货物流向、保证运输正常的货物标志之一。

（1）软纸不干胶运输贴签：适用于外包装能够粘贴的货物，且必须是国内货物，如图 2-1 所示。

（2）拴挂在货物上的硬纸运输挂签：适用于外包装不宜使用粘贴标签的国内货物，如图 2-2 所示。

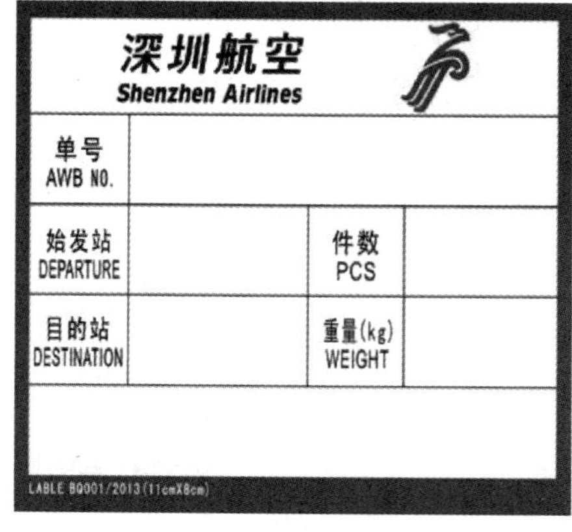

图 2-1　软纸不干胶运输贴签

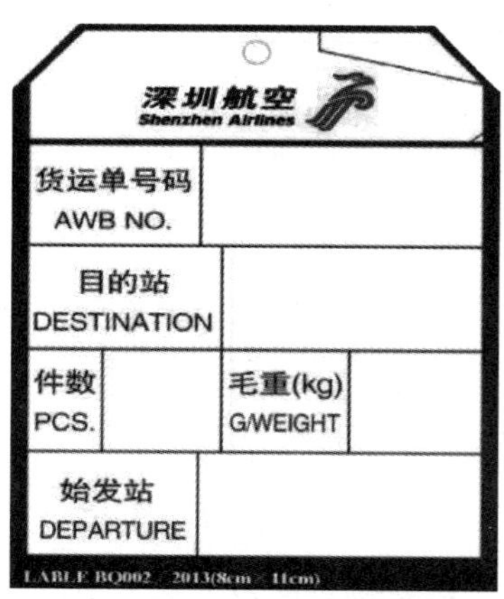

图 2-2　拴挂在货物上的硬纸运输挂签

3. 操作标签

操作标签是指特就储运注意事项进行标注的货物标志，目的在于提示工作人员根据标注进行操作，从而实现安全运输。

（1）易碎物品标签

适用于精密仪器、玻璃器皿及其他质脆易碎货物，如图 2–3 所示。

（2）小心轻放标签

适用于活体动物、精密仪器、危险物品、灵柩等货物，如图 2–4 所示。

图 2–3　易碎物品标签

图 2–4　小心轻放标签

（3）向上标签

适用于所有在运输中必须保证货物直立向上、不能倾斜或倒放的货物，如图 2–5 所示。

（4）谨防潮湿标签

适用于所有在运输过程中必须保证货物干燥、不能受潮或水浸的货物，如图 2–6 所示。

图 2–5　向上标签

图 2–6　谨防潮湿标签

(5) 紧急航材标签

适用于飞机发生故障时抢修所急需的航材，如图 2–7 所示。

(6) 急件货物标签

适用于急件或有运输时间限制的货物，如图 2–8 所示。

图 2–7　紧急航材标签

图 2–8　急件货物标签

(7) 不正常货物标签

适用于不正常运输的货物，如图 2–9 所示。

(8) 温度限制标签

适用于在运输过程中有温度限制要求的货物，如图 2–10 所示。

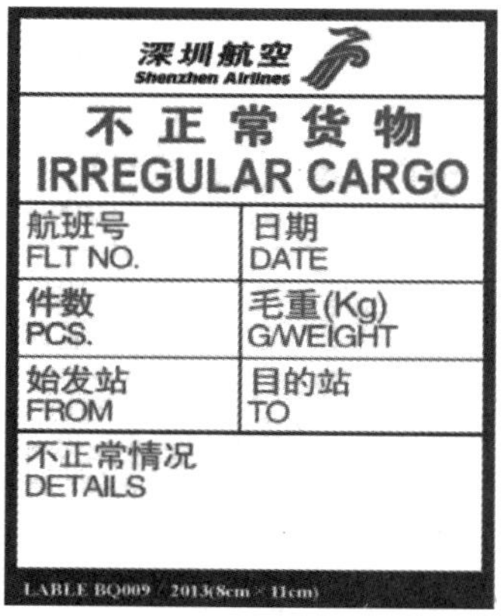

深圳航空
Shenzhen Airlines
不 正 常 货 物
IRREGULAR CARGO
航班号
FLT NO.
日期
DATE
件数
PCS.
毛重(Kg)
G/WEIGHT
始发站
FROM
目的站
TO
不正常情况
DETAILS
LABLE BQ009 2013(8cm×11cm)

图 2–9　不正常货物标签

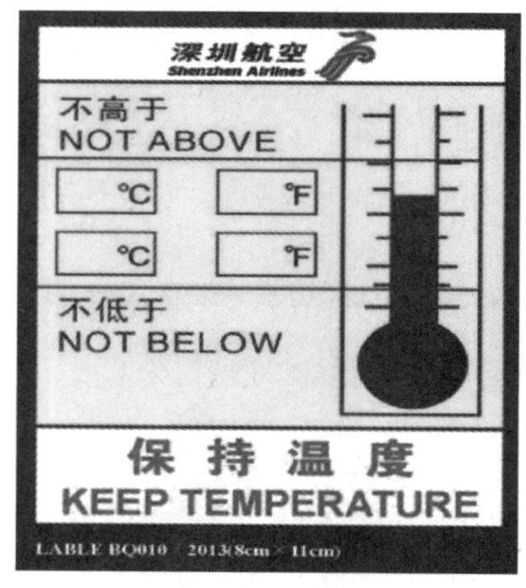

图 2–10　温度限制标签

4. 特种货物标签

特种货物标签主要有鲜活易腐货物标签、活体动物标签、押运货物标签等，目的在于提醒工作人员根据货物特性分别操作，以免发生事故或造成损失，如图 2–11 至图 2–13 所示。

图 2-11　鲜活易腐货物标签

图 2-12　活体动物标签

图 2-13　押运货物标签

思考与练习

1. 国内航空货运单有什么作用？

2. 请根据以下信息，先填制国内货物托运书，再填制国内航空货运单。

托运人：上海快达运输有限公司

上海市永嘉路 555 号　200031

电话：021-56123456

经办人：周小川 身份证号码：310106××××××××8906

收货人：温州来顺货运公司

温州市马兰大道 666 号　280045

电话：0577-2578691

货物：服装（55 cm×55 cm×40 cm×25 箱）

运输保险价值：9 800 元　毛重：75 kg

通风

机场交货

机场自提

运单号码：784-12345675

SHA-WNZ　M-30　N-7.6　Q45-5.2　Q100-3.9　Q300-3

模块三 民航国内货物运输费用

航空货物运输费用是调节航空货物运输市场的重要经济杠杆，进而影响着国民经济的各个方面。本模块主要介绍国内航空货物运输中，与运费直接关联的几个因素，包括计费重量、运价及运价类型、航空运费计算规则以及其他费用等。

学习目标

- ☞ 掌握国内航空货物运费的计算
- ☞ 掌握国内航空货物运输其他费用的计算
- ☞ 能根据不同运价种类，填写国内航空货运单对应栏目

单元一　航空货物计费重量

一、净重与毛重

净重是指货物本身的重量，即货物不含包装的重量。毛重是指货物本身的重量连同包装的重量，即包括货物包装在内的货物实际重量，按照毛重计算的重量又称为“以毛作净”。当货物较重或者包装本身不便分别计算时，一般使用货物的毛重作为计费重量。

小提示

➢ 若是普通货物，每份国内航空货运单货物重量不足 1 kg 时，按 1 kg 计算，小数点后一位四舍五入，取整数。若是贵重货物，计重单位为 0.1 kg，0.1 kg 以下四舍五入。

➢ 当一票贵重货物含有多个包装件时，每一个包装件应当单独计重，总重量为单件重量之和。

二、体积重量

1. 体积重量的概念

体积重量是指将货物的体积按一定比例折合成的重量。当收运的货物为低密度的货物（如棉花等）时，应根据货物所占货舱空间大小收取货物运费，这种情况下，就要采用货物的体积重量作为计费重量。

2. 体积重量的计算

（1）一般货物体积重量的计算

第一步：计算出航空货物的体积。

单件货物的体积（cm^3）= 货物长（cm）× 宽（cm）× 高（cm）

一票货物的总体积（cm^3）= 货物长（cm）× 宽（cm）× 高（cm）× 件数（包装尺寸一致时）

一票货物的总体积（cm^3）= 不同包装尺寸的货物体积之和（包装尺寸不一致时）

小提示

在计算货物体积时，不论货物的形状是否规则，均以最长、最宽、最高的三边长度计算，单位均为 cm，cm 以下四舍五入，即货物体积 = 最大长度 × 最大宽度 × 最大高度。

第二步：计算体积重量。体积重量的计算标准为每 6 000 cm^3 折合 1 kg（或每 366 in^3 折合 1 kg，每 166 in^3 折合 1 lb）。即：

$$体积重量（kg）= \frac{货物体积}{6\ 000\ cm^3/kg}$$

例：一件普通货物的体积为 76.2 cm × 47.6 cm × 34.5 cm，该货物的体积重量是多少？

解：货物体积 =76 × 48 × 35=127 680 cm^3

体积重量 =127 680 ÷ 6 000=21.28 kg≈21.00 kg

(2) 圆柱体或不规则形状货物体积重量的计算

计算圆柱体或不规则形状货物的体积重量时应掌握以下原则：

根据物体所占空间的大小，无论是规则包装还是不规则包装的货物，其体积一律按最长 × 最宽 × 最高进行计算。

例：一件圆柱形货物，底面直径为 36 cm，高为 70 cm，该货物的体积重量是多少？

解：货物体积 =36 × 36 × 70=90 720 cm^3

体积重量 =90 720 ÷ 6 000=15.12 kg ≈ 15.00 kg

(3) 一份货运单上多件货物体积重量的计算

当一份货运单上有多件货物时，需要分别计算每件货物的体积，将每件货物体积相加计算出货物的总体积，再折合成体积重量。

例：一份货运单上有两件货物，其中 A 货物体积为 40 cm × 50 cm × 60 cm，B 货物体积为 55 cm × 35 cm × 60 cm，该票货物的体积重量是多少？

解：1）计算出货物的总体积

A 货物体积 $=40\times50\times60=120\ 000\ \text{cm}^3$

B 货物体积 $=55\times35\times60=115\ 500\ \text{cm}^3$

货物总体积 $=235\ 500\ \text{cm}^3$

2）用货物总体积求得该票货物的体积重量

体积重量 $=235\ 500\div6\ 000=39.25\ \text{kg}\approx39.00\ \text{kg}$

三、计费重量的确定

计费重量是指用于计算货物航空运费的重量。货物的计费重量可以是货物实际重量，也可以是货物的体积重量或运价分界点的重量。如果不考虑航空货物所适用的运价水平，计费重量一般选择毛重与体积重量中的较高者。当考虑了运价分界点的重量限制时，计费重量应为毛重、体积重量及运价分界点重量中的最大值。

例：一票货物的长、宽、高分别是 34 cm、38 cm、52 cm，共 10 件，毛重为 100 kg，计算该票货物的计费重量。

解：体积重量 $=34\times38\times52\times10\div6\ 000=111.97\ \text{kg}\approx112.00\ \text{kg}$

因为体积重量 > 毛重，说明本票货物属于轻泡货物，所以计费重量为 112.00 kg。

单元二　国内航空货物运价

一、运价的概念

运价是指承运人根据运输货物的重量 / 体积 / 货物价值，应收取的从始发地机场至目的地机场的费率（不包括机场与市区、同一城市两个机场之间的地面运输费用及其他费用）。

二、运价的分类

按货物运价的组成形式划分，运价可以分为公布直达运价、非公布直达运价（比例运价与分段相加运价）和协议运价。

1. 公布直达运价

公布直达运价是指承运人直接公布的，从运输始发地机场至目的地机场之间直达的运价，包括普通货物运价、重量分界点运价、指定商品运价、等级运价和集装箱货物运价。

（1）普通货物运价即 45 kg 以下普通货物的运价，代码为 N。

（2）重量分界点运价即普通货物 45 kg 以上（含 45 kg）及 100 kg、300 kg、500 kg 以上（含 100 kg、300 kg、500 kg）等各个重量分界点的运价，代码为 Q。

（3）指定商品运价即在某一航线或某一时间运输的某些货物指定的运价，代码为 C。表 3–1 列出了华东地区航线指定商品清单。

表 3–1　　华东地区航线指定商品品名表

A 类货物	皮鞋、服装、纺织品、副食品
B 类货物	布料、皮革
C 类货物	电子产品、机电产品、配件、计算机、药品、印刷品、仪表仪器、陶瓷、工艺品、烟酒、茶叶、橡胶制品、眼镜、试剂
D 类货物	水产品、冻品
E 类货物	家禽
F 类货物	水果、蔬菜、鲜花、饲料
G 类货物	贝类、种蛋
H 类货物	海关监管货物

（4）等级运价是在普通货物运价基础上增加（用 S 表示）或减少（用 R 表示）一定百分比作为某些特定货物的运价，国内货运以增加（S）为主。

应用等级运价的货物包括急件、生物制品、珍贵植物和植物制品、活体动物、骨灰、灵柩、鲜活易腐物品、贵重物品、枪械、弹药、押运货物等。

（5）集装箱货物运价是指根据航空运价计得的发货人或收货人应当支付的每批集装箱货物的运输费用。

2. 非公布直达运价（比例运价与分段相加运价）

如果没有公布从始发站到目的站的直达费率，应当选择恰当的费率并将其添加到各个部分中，以形成整个运输过程的最低费率。当使用这样的费率时，要选择不同的费率组成点，并对全程费率的组成进行比较，取较低的那一种。如果托运人指定了运输路线，则总运费应由指定路线的所有部分加在一起。

3. 协议运价

在特定时期、特定航线上，经与托运人协商，可执行协议运价。协议运价一般低于公布直达运价。

三、运价的使用顺序

1. 如果有协议运价，则优先使用协议运价。

2. 在相同运价种类、相同航程、相同承运人的条件下，公布直达运价应按下列顺序使用：

（1）指定商品运价与等级运价相比，应取低使用。

（2）指定商品运价与普通货物运价相比，应取低使用。

（3）等级运价与普通货物运价不可比。

3. 如果运输两点间无公布直达运价，则应使用非公布直达运价。

（1）优先使用比例运价构成全程直达运价。

（2）当两点间无比例运价时，使用分段相加办法组成全程最低运价。

单元三　国内航空运费计算

一、航空运费的概念

航空运费是指每票货物根据适用的运价和货物的计费重量计算而得的承运人、代理人应收取的运输费用以及与运输有关的其他费用（不包括承运人、代理人向托运人收取的其他费用）。

二、航空运费的支付办理

1. 在我国境内，航空运费以及其他的相关费用应以人民币作为货币支付。

2. 除非托运人与承运人另有协议，否则航空运费应以现金、支票或其他等额货币支付凭证来支付。

3. 货运结算应当执行单位为“元”的四舍五入计费方式，在发货时由托运人支付。在收货过程中或航空运输过程中产生的费用，应当由收货人在拿取货物之前结清。

三、航空运费的计算

航空运费是根据货物的计费重量乘以适用的货物运价计算得来的，即航空运费 = 货物的计费重量 × 适用的货物运价。

在有不同重量分界点的普通货物运价中，应注意按照“从低原则”计收航空运费，即当货物计费重量接近下一个重量分界点时，将原适用运价计算出的运费与采用较高分界点重量运价计算出的运费相比，取其低者。

1. 普通货物航空运费计算

例：某货主托运一批服装从上海运至深圳，10 箱货物共 95 kg，每件货物的体积为 28.2 cm × 36.3 cm × 49.4 cm，计算航空运费。

运价： Q–4.2

解：体积重量 =（28 × 36 × 49 × 10）÷ 6 000=82.32 kg ≈ 82.00 kg

实际重量 =95.00 kg

计费重量 =95.00 kg　运价 =Q 运价

按普通货物计算航空运费 =95 × 4.2=399.00 元

按较高重量分界点计算航空运费 =100 × 3.5=350.00 元

取其低者，该票货物航空运费为 350.00 元。

件数 No.of Pcs. 运价点 RCP	毛重（kg）Gross Weight（kg）	运价种类 Rate Class	商品代号 Comm. Item No.	计费重量（kg）Chargeable Weight（kg）	费率 Rate/kg	航空运费 Weight Charge	货物品名（包括包装、尺寸或体积）Description of Goods（incl.Packaging, Dimensions or Volume）
10	95	Q		100	3.5	350.00	服装 28.2 cm × 36.3 cm × 49.4 cm × 10

2. 指定商品航空运费计算

例：货物 20 件，毛重 1 000 kg，品名为计算机配件，每件体积为 65 cm × 65 cm × 78 cm，计算航空运费。

运价： Q300–4.7 C1000–2.9

解：体积重量 =65×65×78×20÷6 000=1 098.5 kg ≈ 1 099.00 kg

按普通货物计算航空运费 =1 099×4.7=5 165.3 元≈ 5 165.00 元

按指定商品计算航空运费 =1 099×2.9=3 187.1 元≈ 3 187.00 元

取其低者，该票货物的航空运费为 3 187.00 元。

件数 No.of Pcs. 运价点 RCP	毛重（kg）Gross Weight（kg）	运价种类 Rate Class	商品代号 Comm. Item No.	计费重量（kg）Chargeable Weight（kg）	费率 Rate/kg	航空运费 Weight Charge	货物品名（包括包装、尺寸或体积）Description of Goods（incl.Packaging，Dimensions or Volume）
20	1 000	C	4	1 099	2.9	3 187.00	计算机配件 65 cm×65 cm×78 cm×20

3. 等级货物航空运费计算

例：某动物园托运一只熊猫，重 60 kg，体积为 200 cm×150 cm×80 cm，计算航空运费。

运价：
N–7.2
S–150%

解：体积重量 =200×150×80÷6 000=400.00 kg

计费重量 =400.00 kg

适用运价 =7.2×150%=10.80 元

航空运费 =400×10.8=4 320.00 元

注意：等级货物运价不可以靠级，也不可以使用 Q 运价。

件数 No.of Pcs. 运价点 RCP	毛重（kg）Gross Weight（kg）	运价种类 Rate Class	商品代号 Comm. Item No.	计费重量（kg）Chargeable Weight（kg）	费率 Rate/kg	航空运费 Weight Charge	货物品名（包括包装、尺寸或体积）Description of Goods（incl. Packaging，Dimensions or Volume）
1	60	S	N150	400	10.8	4 320.00	熊猫 200 cm×150 cm×80 cm

4. 分段相加航空运费计算

例：某货主托运小饰品从上海到广州，再从广州到梅县，货物重 26 kg，体积为 100 cm × 48 cm × 52 cm，计算航空运费。

运价（SHA-CAN）： N-6.2 Q45-4.2 运价（CAN-MXN）： N-2.6 Q45-1

解：体积重量 =100 × 48 × 52 ÷ 6 000=41.6 kg ≈ 42.00 kg

航空运费 =45 ×（4.2+1）=234.00 元

件数 No.of Pcs. 运价点 RCP	毛重（kg）Gross Weight（kg）	运价种类 Rate Class	商品代号 Comm. Item No.	计费重量（kg）Chargeable Weight（kg）	费率 Rate/kg	航空运费 Weight Charge	货物品名（包括包装、尺寸或体积）Description of Goods（incl.Packaging, Dimensions or Volume）
1	26	Q		45	5.2	234.00	小饰品 100 cm × 48 cm × 52 cm

5. 混运货物航空运费计算

例：某货主托运工艺品、仪表、眼镜，从海口运往长春，货物体积分别为 65 cm × 65 cm × 70 cm × 2，95 cm × 70 cm × 38 cm，90 cm × 74 cm × 45 cm × 2；毛重分别为 115 kg、44 kg、96 kg，计算航空运费。

运价： N-13.2 Q45-10.6 Q100-9.3 Q300-7.9

解：（1）工艺品

体积重量 =65 × 65 × 70 × 2 ÷ 6 000=98.58 kg ≈ 99.00 kg

航空运费 =115 × 9.3=1 069.5 元≈ 1 070.00 元

（2）仪表

体积重量 =95 × 70 × 38 ÷ 6 000=42.12 kg ≈ 42.00 kg

航空运费 =45 × 10.6=477.00 元

（3）眼镜

体积重量 =90 × 74 × 45 × 2 ÷ 6 000=99.9 kg ≈ 100.00 kg

航空运费 =100 × 7.9=790.00 元

件数 No.of Pcs. 运价点 RCP	毛重（kg）Gross Weight（kg）	运价种类 Rate Class	商品代号 Comm. Item No.	计费重量（kg）Chargeable Weight（kg）	费率 Rate/kg	航空运费 Weight Charge	货物品名（包括包装、尺寸或体积）Description of Goods（incl. Packaging，Dimensions or Volume）
2	115	Q		115	9.3	1 070.00	工艺品 65 cm × 65 cm × 70 cm × 2
1	44	Q		45	10.6	477.00	仪表 95 cm × 70 cm × 38 cm
2	96	Q		100	7.9	790.00	眼镜 90 cm × 74 cm × 45 cm × 2

单元四　国内航空货物运输其他费用

一、声明价值

当托运人托运的货物毛重每千克价值超过人民币 100 元时，可以办理货物声明价值。办理声明价值时，托运人需在国内航空货运单声明价值栏内注明声明的金额。不办理声明价值的货物，在货运单上注明“无”或“NVD”。

二、声明价值附加费

声明价值附加费是指托运人向承运人声明其托运货物的价值时按规定向承运人支付的专项费用。

国内运输声明价值附加费 =［声明价值 –（货物实际毛重 × 100 元 / 千克）］× 0.5%

除另有约定外，国内运输每票货物的声明价值不得超过人民币 50 万元。

三、航空保险费

1. 托运人根据自己意愿进行航空运输保险的投保。

保险费 = 托运人的保险金额 × 货物保险费率

2. 货物保险费率应根据货物脆弱程度和货物价值确定（见表 3–2）。

表 3-2　　货物保险费率表

类别	保险费率(‰)	货物名称
第一类	1	一般物品，如机器设备、一般金属材料、电子元器件、马达、变压器、磁带、针剂（10 cc 以下）、金属桶装或听装液体、中西药材等
第二类	4	易损物品，如仪器仪表、医疗器械、电视机、复印机、电冰箱、洗衣机、电风扇、图书纸张、服装、皮货、块状 / 粉状物、瓶装液体（2 kg 以下）、有毒危险品和较易挥发物品等
第三类	8	特别易损物品，如各种玻璃制品、陶瓷制品、箱装玻璃、瓶装液体（2 kg 以上）、半液体、显像管、电子管，各种灯泡、灯管、特别易损的高度精密仪器仪表，以及水果和蔬菜等
第四类	12	冰鲜易腐物品，如冻肉、冻鱼等
第五类	20	鲜活易腐物品，如鱼苗、种蛋、成雏畜禽和鲜花或插花等
第六类	30	国家重点保护的珍贵动物和植物及其他珍奇活物

四、其他运费

其他运费是指除了航空运费和声明价值附加费以外的费用，如地面运费、退运手续费、活体动物收运检查费、危险品收运检查费、燃油附加费、超限货物附加费等。

1. 地面运费

地面运费是指由承运人提供的在机场与市区之间、同一城市两个机场之间使用地面车辆运输货物所产生的费用。

计费标准为：货物计费重量（kg）× 地面运费费率（地面运费费率为 0.2 元 /kg，每份货运单最低地面运费为 5 元）。

2. 退运手续费

托运人在退运货物的当下应付给承运人相应的手续费，每份货运单收取费用为 20 元。

3. 活体动物收运检查费

此项费用是向托运人收取的。每份货运单的最低收费为 50 元，当货物数量超过 5 件的时候，每件加收 10 元，每份货运单最高收费不得超过 100 元。

4. 危险品收运检查费

此项费用是向托运人收取的，每份货运单收取费用为 400 元。

5. 燃油附加费

燃油附加费的计费标准为：货物计费重量（kg）× 燃油附加费费率。每份货运单的最低收费为 1 元。

6. 超限货物附加费

超限货物的标准为宽体飞机单件货物重量超过 250 kg 或体积超过 100 cm × 100 cm × 140 cm，非宽体飞机单件货物重量超过 80 kg 或体积超过 40 cm × 60 cm × 100 cm。超限货物的附加费按各航空公司规定收取。

思考与练习

1. 什么是净重？什么是毛重？

2. 简述体积重量的概念。

3. 运价的分类有哪些？

4. 某货主在上海浦东机场托运普通货物 10 件，共 70 kg，目的地为广州白云机场，每件货物的体积为 28.1 cm × 38.3 cm × 48.3 cm，请计算航空运费。

运价：
N–6.2
Q45–4.2
Q100–3.5
Q500–3.2

件数 No.of Pcs. 运价点 RCP	毛重（kg）Gross Weight（kg）	运价种类 Rate Class	商品代号 Comm. Item No.	计费重量（kg）Chargeable Weight（kg）	费率 Rate/kg	航空运费 Weight Charge	货物品名（包括包装、尺寸或体积）Description of Goods（incl. Packaging, Dimensions or Volume）

5. 某动物园从上海托运一只东北虎至沈阳，重 80 kg，体积为 220 cm × 120 cm × 70 cm，请计算航空运费。

运价：
N-7.2
Q45-6.8
Q100-5.3
Q500-5

件数 No.of Pcs. 运价点 RCP	毛重（kg）Gross Weight（kg）	运价种类 Rate Class	商品代号 Comm. Item No.	计费重量（kg）Chargeable Weight（kg）	费率 Rate/kg	航空运费 Weight Charge	货物品名（包括包装、尺寸或体积）Description of Goods（incl.Packaging, Dimensions or Volume）

模块四
民航国际货物托运与收运

民航国际货物托运与收运因涉及国际贸易，环节更为复杂、要求更为严格，需要托运人及其代理人按照民航运输的要求，快速、安全、高效地备运，以保证货物运输能够顺利进行。本模块内容主要涉及国际货物托运文件准备、国际货物运输限制、国际航空货运单填制规范等内容。

学习目标

☞ 了解国际航空货物托运基本流程和操作环节

☞ 掌握国际航空货物运输各种限制条件

☞ 掌握国际航空货运单的填写方法

☞ 能够正确填制并检查国际航空货物托运书，准备货运相关运输文件

☞ 能够进行国际货物收运检查

单元一 国际货物托运

一、国际货物托运一般规定

托运人在托运国际货物时应认真仔细地填写国际货物托运书，并提供与运输有关的资料和文件。托运人应对所填国际货物托运书中各项内容和所提供资料、文件的真实性和准确性负责。托运人所托运的货物必须符合有关始发地、中转地、目的地国家的法律、法令规定以及承运人的一切规章。托运人在托运货物前，必须自行办妥始发地海关、卫生检疫等各项手续。运输条件不同或货物性质不同而不能在一起运输的货物，托运人应当分别填写国际货物托运书。托运人托运鲜活物品、贵重物品、活体动物、危险物品、有时间限制要求及大批量货物时，应事先向承运人订妥航班、日期、吨位，并按约定的时间在机场办理托运手续。

二、国际货物托运书

国际货物托运书（The Shipper's Letter of Instructions，SLI）是指托运人办理国际货物托运时填写的书面文件，并据以填开国际航空货运单的凭据，其填写方法如下（见表 4-1）：

（1）Air Waybill Number，货运单号码栏：填写货运单号码。

（2）Airport of Departure，始发站栏：填写始发站机场的全称，不得简写或使用代码。例如，一批货物从北京始发，不能填写 PEK 或 BJS，只能填写 Beijing。

（3）Airport of Destination，目的站栏：填写目的站机场的全称。若不知道机场名称时，可以填写城市名称。

有两个及两个以上机场的城市，托运人应指定到达机场，并填写在托运书目的站栏内。例如，目的站为东京，东京有两个机场，在填写时要注明具体机场名称。另需注意，必须选择有海关仓库的机场作为目的站。

（4）Shipper's Name and Address，托运人名称和地址栏：填写托运人的全名、详细地址及联系方式。

（5）Shipper's Account Number，托运人账号栏：根据承运人的需要，填写托运人账号。

（6）Consignee's Name and Address，收货人名称和地址栏：填写收货人的全名、详细地址及联系方式。

（7）Consignee's Account Number，收货人账号栏：根据承运人的要求，填写付款人账号。

（8）Also Notify，另请通知栏：托运人填写的另一收货通知人，要求详细填写。

（9）Dangerous Goods or Not，是否属于危险品栏：托运人在此处声明所托运的货物是否属于危险品，在相应位置画"√"表示。

（10）Documents Attached to AWB，随附文件栏：填写随附在国际货物托运书后与货物运输有关的文件名称。

（11）Routing/Booking，指定航线 / 预订舱位栏：填写托运人要求的航线 / 预订的舱位。

（12）Flight/Date，航班 / 日期栏：填写托运人已订妥的航班和日期。

（13）No.of Pieces，件数栏：填写不同运价种类货物的件数和货物的总件数。

（14）Gross Weight，毛重栏：填写不同运价种类货物的毛重和货物的总重量，以 kg 为单位，保留小数点后一位数字。

（15）Description of Goods，货物品名栏：填写货物的具体名称，不得填写表示货物类别的统称，如电器、仪器、仪表等。

（16）Dimensions or Volume，包装尺寸或体积栏：填写每件货物的外包装尺寸，以 cm 表示。同时应填写整票货物的总体积，以 m^3 表示，保留小数点后两位数字，第三位采用进位法。

如果一票货物有几种包装，应分别写明包装类型和件数，如 wooden box（木箱）、package（包裹）、carton（硬纸箱）、case（铁箱）、crate（板条箱）、bag（袋子）、roll（卷）等，假如没有包装则注明 loose（裸装）。

（17）WT/VAL Charges，航空运费 / 声明价值费栏：填写航空运费和声明价值附加费付款方式，在相应位置画“√”表示。

（18）Other Charges，其他费用栏：填写其他费用的付款方式，在相应位置画“√”表示。

（19）Declared Value for Carriage，运输声明价值栏：填写托运人向承运人特别声明的货物在目的地交付时的价值。托运人未声明价值时，应填写“NVD”（No Value Declared）字样。

（20）Declared Value for Customs，海关声明价值栏：填写托运人向目的站海关申报的货物价值。托运人未声明价值时，应填写“NCV”（No Commercial Value or No Customs Value）字样，表示货物无商业价值。

（21）Amount of Insurance，保险金额栏：根据航空公司与保险公司制定的国际保险协议填写。

（22）Handling Information and Remarks，储运操作注意事项和备注栏：填写货物的包装类型、标志和号码以及在运输、中转、装卸和仓储时需要特别注意的事项（这些事项不能超过承运人的仓储、运输能力）。

（23）Form of Payment，付款方式栏：根据具体情况，填写支付货物费用的方式，如现金、支票或信用卡等。

（24）Signature of Issuing Shipper or his Agent，托运人及其代理人签字或盖章栏：由托运人填写托运货物的日期并签字或盖章。

（25）Security Check，安全检查栏：货物安检后由安检人员在此栏内签字或加盖安全检查章。

（26）Weight by，计重人签字栏：货物计重人在此栏内签字。

（27）Signature of Issuing Carrier or its Agent，承运人或其代理人签字或盖章栏：接收货物的承运人或其代理人在此栏内签字或盖章。

表 4–1　　国际货物托运书

Shipper’s Letter of Instructions（SLI）

货运单号码 Air Waybill Number	（1）		
始发站 Airport of Departure	（2）	目的站 Airport of Destination	（3）

续表

<table>
<tr><td colspan="3">托运人名称和地址
Shipper's Name and Address
(4)</td><td colspan="3">托运人账号
Shipper's Account Number
(5)</td><td colspan="4" rowspan="2">本人保证所托运货物的内容已经完全正确的命名。对于所托运货物中包含的危险品，根据适用的《危险物品规则》中的规定，完全符合航空运输条件。
I certify that the contents of this consignment are properly identified by name. Insofar as any part of the consignment contains dangerous goods, such part is in proper condition for carriage by air according to the applicable Dangerous Goods Regulations.</td></tr>
<tr><td colspan="3" rowspan="2">收货人名称和地址
Consignee's Name and Address
(6)</td><td colspan="3">收货人账号
Consignee's Account Number
(7)</td></tr>
<tr><td colspan="3"></td><td colspan="4">是否属于危险品 □是 □否
(9)
Dangerous Goods or Not YES NO</td></tr>
<tr><td colspan="6">另请通知 Also Notify
(8)</td><td colspan="4" rowspan="3">随附文件 Documents Attached to AWB
(10)</td></tr>
<tr><td colspan="3">指定航线 / 预订舱位
Routing/Booking</td><td colspan="3">航班 / 日期
Flight/Date</td></tr>
<tr><td colspan="3">(11)</td><td colspan="3">(12)</td></tr>
<tr><td colspan="2">件数
No. of Pieces</td><td colspan="2">毛重（kg）
Gross Weight
(kg)</td><td colspan="2">货物品名
Description of Goods</td><td colspan="4">包装尺寸或体积
Dimensions or Volume</td></tr>
<tr><td colspan="2">(13)</td><td colspan="2">(14)</td><td colspan="2">(15)</td><td colspan="4">(16)</td></tr>
<tr><td colspan="3">航空运费 / 声明价值费
(17)
WT/VAL Charges</td><td colspan="3">其他费用
Other Charges (18)</td><td colspan="3">托运人声明价值
Shipper's Declared Value</td><td>保险金额
Amount of Insurance</td></tr>
<tr><td>预付
Prepaid □</td><td colspan="2">到付
Collect □</td><td colspan="2">预付
Prepaid □</td><td>到付
Collect □</td><td>运输声明价值
Declared Value for Carriage
(19)</td><td colspan="2">海关声明价值
Declared Value for Customs
(20)</td><td>(21)</td></tr>
<tr><td colspan="6" rowspan="2">储运操作注意事项和备注
Handling Information and Remarks
(22)</td><td colspan="2">付款方式
Form of Payment</td><td colspan="2">(23)</td></tr>
<tr><td colspan="4">托运人及其代理人签字或盖章：
Signature of Issuing Shipper or his Agent:
(24)
日期 Date</td></tr>
<tr><td colspan="3">安全检查
Security Check
(25)</td><td colspan="3">计重人签字：
Weight by:
(26)</td><td colspan="4">承运人或其代理人签字或盖章：
Signature of Issuing Carrier or its Agent:
(27)</td></tr>
</table>

注：粗线框由承运人填写。

延伸阅读

在运输某些国际特种货物时，根据不同的货物种类，托运人需要向承运人提供下列文件：（1）货物装箱单；（2）供海关检查需要的进、出口和过境的有关文件；（3）托运动、植物所需要的证明文件，如活体动物托运证明（Shipper's Certification for Live Animals）；（4）托运特种货物的证明文件，如危险货物申报单（Shipper's Declaration for Dangerous Goods）；（5）在特定区域托运指定商品时需要提供商业发票（A Copy of the Vendors Commercial Invoice）。

三、国际货物待运准备

1. 货物包装

托运人有责任根据货物性质和航空运输要求采取适当的包装方法和包装材料包装货物，并保证货物在正常操作过程中安全运输，且不危害飞机、人员及其他物品的安全。货物包装应坚固、完好、轻便、易于装卸，具体要求参见模块二单元三相关内容。

2. 货物标记、标签

货物标记、标签应满足承运人有关要求。每件货物上都应贴或挂有至少一张标明货运单号码、始发站、目的站、货物件数及重量等内容的货物标签。托运货物为特种货物时要注意贴挂相应的特种货物标签。

3. 预先订舱

承运人对下列货物在没有订妥舱位或事先做好安排的情况下不予收运：在中转时需要特别照看和处理的货物，声明价值超过 1 000 美元的货物，不规则形状及超大、超重货物，活体动物，鲜活易腐品，危险货物，尸体 / 骨灰。

四、国际航空货运单

1. 填开国际航空货运单的责任

国际航空货运单的填写必须由托运人完成，如承运人根据托运人的请求填写国际航空货运单，应当视为代托运人填写，由托运人对国际航空货运单的真实性负责。

托运人有责任校对国际航空货运单的内容，并对国际航空货运单内是否插入或删减有关内容做出决定，托运人对货物运输过程中的损失负责。托运人在填开完毕的国际航空货运单上签字，表示托运人已接受国际航空货运单正本背面的契约条件和承运人的运输条件。

2. 国际航空货运单的有效期

国际航空货运单填开完毕后，托运人或其代理人以及承运人或其代理人签字后即开始生效。当货物运至目的地，国际航空货运单上列明的收货人提取货物并在交付联上签字，此时国际航空货运单作为运输凭证的有效期即告结束，但作为运输合同，其法律效力在运输停止之日起 2 年内均有效。

3. 国际航空货运单的构成

国际航空货运单各联目见表 4–2。

表 4–2　　　　国际航空货运单各联目

序号	名称		留用对象	颜色
1	正本 3	Original 3	交托运人	蓝色
2	副本 9	Copy 9	交代理人	白色
3	正本 1	Original 1	交填开货运单的承运人或其代理人	绿色
4	正本 2	Original 2	交收货人	粉红色
5	副本 4	Copy 4	提取货物收据	黄色
6	副本 5	Copy 5	交目的站机场	白色
7	副本 6	Copy 6	交第三承运人	白色
8	副本 7	Copy 7	交第二承运人	白色
9	副本 8	Copy 8	交第一承运人	白色
10	额外副本 10	Extra copy 10	供承运人使用	白色
11	额外副本 11	Extra copy 11	供承运人使用	白色
12	额外副本 12	Extra copy 12	供承运人使用	白色

国际航空货运单正本一式三份，每份正本的背面都印有运输契约条款，分 3 种不同颜色：蓝色联交托运人，是承运人或其代理人接收货物的依据；绿色联由承运

人留存，作为记账凭证；粉红色联随货同行，在货物到达目的地，交付给收货人时作为核验货物的依据。副本至少六份，有需要还可增加份数，分别发给代理人、目的站机场、第一 / 二 / 三承运人和用作提货收据。副本除提货收据为黄色，其余均为白色。

4. 国际航空货运单的填写（见表 4-3）

（1）The Air Waybill Number，货运单号码栏：填写始发站机场的 IATA 三字代码，由承运人填写。如果没有机场的 IATA 三字代码，可以填写机场所在城市的 IATA 三字代码。此栏填写的代号应与（9）栏填写的名称保持一致。

1a）印制或者计算机打制的承运人票证注册代号。

1b）货运单号码。

（2）Shipper's Name and Address，托运人姓名和地址栏：填写托运人的全名，地址填写国家名称、城市名称、街道名称、门牌号码、邮政编码和电话号码。托运人的姓名要与其有效身份证件相符，地址要详细，邮政编码和电话号码要清楚、准确。

（3）Shipper's Account Number，托运人账号栏：此栏根据承运人的需要，填写托运人账号。

（4）Consignee's Name and Address，收货人姓名及地址栏：填写收货人的全名，地址填写国家名称、城市名称、街道名称、门牌号码、邮政编码和电话号码。收货人的姓名要与其有效身份证件相符，地址要详细，邮政编码和电话号码要清楚、准确。因国际航空货运单不能转让，此栏内不可填写“TO ORDER”字样。

（5）Consignee's Account Number，收货人账号栏：根据承运人的需要，填写收货人账号。

（6）Issuing Carrier's Agent Name and City，代理人名称和城市栏：填写制单代理人名称及其所在城市，应清楚、详细。

（7）Agent's IATA Code，代理人 IATA 代码栏：填写 IATA 七位数字的代理人代码及三位数字的地址代码及检查号，如 81-401234/026。

（8）Account No.，代理人账号栏：根据承运人的需要，填写代理人账号。

（9）Airport of Departure（Add.of First Carrier）and Requested Routing，始发站机场（第一承运人地址）和所要求的运输路线栏：此栏填写货物始发站机场的名称，应填写英文全称，不得简写或使用代码。此栏填写的机场或城市应与（1）栏填写的城市或机场保持一致。运输路线填写托运人所要求的运输路线，可用 IATA 三字代码表示。

（10）Accounting Information，财务结算注意事项栏：填写财务结算相关注意事项。

（11）To，目的站或者第一中转站栏：填写目的站或者第一中转站机场的 IATA 三字代码。当该城市有多个机场或不知道机场名称时，可使用城市三字代码。

（12）By First Carrier，第一承运人栏：填写第一承运人的全称或者 IATA 两字代码。

（13）To，目的站或者第二中转站栏：填写目的站或者第二中转站机场的 IATA 三字代码。当该城市有多个机场或不知道机场名称时，可使用城市三字代码。

（14）By，第二承运人栏：填写第二承运人的全称或者 IATA 两字代码。

（15）To，目的站或者第三中转站栏：填写目的站或者第三中转站机场的 IATA 三字代码。当该城市有多个机场或不知道机场名称时，可使用城市三字代码。

（16）By，第三承运人栏：填写第三承运人的全称或者 IATA 两字代码。

（13）~（16）为可选择栏，只有当运输中要经其他承运人时才用。如果是在同一承运人之间中转则不必填写。

（17）Currency，币种栏：填写始发站所在国家货币的三字代码（由国际标准化组织，即 ISO 规定）。除（50）~（53）栏以外，国际航空货运单上所有货物运费均应以此币种表示。

（18）CHGS Code，付款方式栏：填写货物运费的支付方式。

（19）WT/VAL，航空运费 / 声明价值附加费的付款方式栏：航空运费和声明价值附加费必须同时全部预付或者到付，并在相应的栏目内画“×”。

（20）Other，其他费用的付款方式栏：指（37）栏内的其他费用必须同时全部预付或者到付，并在相应的栏目内画“×”。

（21）Declared Value for Carriage，运输声明价值栏：填写托运人向承运人办理货物声明价值的金额。托运人未办理货物声明价值，必须填写“NVD”（No Value Declaration）字样。

（22）Declared Value for Customs，海关声明价值栏：填写托运人向海关申报的货物价值。托运人未办理此声明价值，必须填写“NCV”（No Customs Value）字样。

（23）Airport of Destination，目的站机场栏：填写货物目的站机场的名称，应填写英文全称，不得简写或使用代码。如有必要，填写该机场所属国家、州的名称或城市的全称。

（24）Flight/Date，航班 / 日期栏：填写托运人已经订妥的始发航班 / 日期及已经订

妥的续程航班 / 日期。

（25）Amount of Insurance，保险金额栏：中国民航不代理国际货物的保险业务，此栏填写“NIL”或者“×××”等字样。

（26）Handling Information，储运事项栏：填写货物在仓储和运输过程中所需要注意的事项。

（27）SCI，海关信息栏：填写海关信息，仅在欧盟国家之间运输货物时使用。

（28）No. of Pieces /RPC，件数 / 运价点栏：填写货物的件数，如果所使用的货物运价种类不同，则应分别填写，并将总件数填写在下方空白栏内。如果货物运价系分段相加运价，则将运价组成点（运价点）的 IATA 三字代码填写在件数下面。

（29）Gross Weight，毛重栏：与件数相对应，填写货物的毛重，如果分别填写时，将总毛重填写在下方空白栏内。

（30）K/L，毛重的计量单位栏：填写货物毛重的计量单位，“K”和“L”分别表示“千克”和“磅”。

（31）Rate Class，运价种类栏：填写所采用的货物运价种类代号。

（32）Commodity Item No.，商品代号栏：应根据具体情况分别填写。

（33）Chargeable Weight，计费重量栏：填写据以计收航空运费的货物重量。

（34）Rate/Charge，费率栏：填写所适用的货物运价。

（35）Total，航空运费栏：填写根据货物运价和货物计费重量计算出的航空运费金额。如果分别填写，则将航空运费总额填写在下方空白栏内。

（36）Nature and Quantity of Goods，货物品名及数量（包括尺寸或体积）栏：填写货物的具体名称及数量。货物品名不得填写表示货物类别的统称，如不能填写电器、仪器、仪表等；鲜活易腐物品、活体动物等不能作为货物品名。填写每件货物的外包装尺寸或体积，单位分别用 cm 和 m^3 表示，货物尺寸按其外包装的长 × 宽 × 高 × 件数的顺序填写。

（37）Other Charges，其他费用栏：填写其他费用的项目名称和金额。

（38）Weight Charge，航空运费栏：填写（35）栏中的航空运费总额，可以预付或者到付，根据付款方式分别填写。

（39）Valuation Charge，声明价值附加费栏：填写按规定收取的声明价值附加费，可以预付或者到付，根据付款方式分别填写。

（40）Tax，税款栏：填写按规定收取的税款额，可以预付或者到付，根据付款方式分别填写，但是，必须同（38）栏和（39）栏的付款方式相同。

（41）Total Other Charges Due Agent，交代理人的其他费用总额栏：填写交代理人的其他费用总额，可以预付或者到付，根据付款方式分别填写。

（42）Total Other Charges Due Carrier，交承运人的其他费用总额栏：填写交承运人的其他费用总额，可以预付或者到付，根据付款方式分别填写。

（43）Total Prepaid，全部预付货物费用的总额栏：填写（38）~（42）栏内合计的预付货物运费总额。

（44）Total Collect，全部到付货物费用的总额栏：填写（38）~（42）栏内合计的到付货物运费总额。

（45）Signature of Shipper or his Agent，托运人或其代理人签字、盖章栏：由托运人或其代理人签字、盖章。

（46）Executed on（date），填开日期栏：填写货运单的填开日期（年、月、日）。

（47）at（place），填开地点栏：填写货运单的填开地点。

（48）Signature of Issuing Carrier or its Agent，制单承运人或其代理人签字、盖章栏：由填制货运单的承运人或其代理人签字、盖章。

（49）For Carrier's Use only at Destination，仅限在目的站由承运人填写。

（50）Currency Conversion Rates，汇率栏：填写到达地国家的币种和汇率。

（51）CC Charge in Dest. Currency，到付货物运费栏：填写根据（50）栏中的汇率将（44）栏中的到付货物运费换算成的金额。

（52）Charges at Destination，目的站其他费用额栏：填写在目的站发生的货物运费额。

（53）Total Collect Charges，全部到付费用栏：填写（51）栏和（52）栏的合计金额。

（54）Reference Number，证明编号栏：填写托运人、代理人和承运人均认可的某些证明编号。

（55）（56）栏为承运人同意填写的某些事项。

以下栏目在货物提取联上显示：

（57）at（place），提取货物地点栏：填写收货人提取货物的地点。

（58）on（date/time），提取货物时间栏：填写收货人提取货物的日期（时间）。

（59）Signature of Consignee or his Agent，收货人或其代理人签字栏：由收货人或其代理人签字。

表 4-3 国际航空货运单

1a） （1） 1b） 1A） 1B）

Shipper's Name and Address (2)	Shipper's Account Number (3)	NOT NEGOTIABLE AIR WAYBILL ISSUED BY
		Copies 1, 2 and 3 of this Air Waybill are originals and have the same validity
Consignee's Name and Address (4)	Consignee's Account Number (5)	It is agreed that the goods described herein are accepted in apparent good order and condition (except as noted) for carriage SUBJECT TO THE CONDITIONS OF CONTRACT ON THE REVERSE HEREOF.ALL GOODS MAY BE CARRIED BY ANY OTHER MEANS INCLUDING ROAD OR ANY OTHER CARRIER UNLESS SPECIFIC CONTRARY INSTRUCTIONS ARE GIVEN HEREON BY THE SHIPPER.THE SHIPPER'S ATTENTION IS DRQWN TO THE NOTICE CONCERNING CARRIERS' LIMITATION OF LIABILITY. Shipper may increase such limitation of liability by declaring a higher value for carriage and paying a supplemental charge if required.
Issuing Carrier's Agent Name and City (6)		Accounting Information (10)
Agent's IATA Code (7)	Account No. (8)	
Airport of Departure (Add. of First Carrier) and Requested Routing (9)		

To (11)	By First Carrier (12)	To (13)	By (14)	To (15)	By (16)	Currency (17)	CHGS Code (18)	WT/VAL (19)		Other (20)		Declared Value for Carriage (21)	Declared Value for Customs (22)
								PPD	COL	PPD	COL		

Airport of Destination (23)	Flight/Date (24)	Flight/Date (24)	Amount of Insurance (25)	INSURANCE: if Carrier offers insurance, and such insurance is requested in accordance with the conditions thereof, indicate amount to be insured in figures in box marked' Amount of Insurance'

Handling Information (26)	
	SCI (27)

No. of Pieces RPC	Gross Weight	K L	Rate Class	Commodity Item No.	Chargeable Weight	Rate / Charge	Total	Nature and Quantity of Goods (incl. Dimensions or Volume)
(28)	(29)	(30)	(31)	(32)	(33)	(34)	(35)	(36)

续表

<table>
<tr><td>Prepaid</td><td>Weight Charge (38)</td><td>Collect</td><td rowspan="2">Other Charges
(37)

(54) (55) (56)</td></tr>
<tr><td>Prepaid</td><td>Valuation Charge (39)</td><td>Collect</td></tr>
<tr><td>Prepaid</td><td>Tax (40)</td><td>Collect</td><td rowspan="3">Shipper certifies that the particulars on the face hereof are correct and that insofar as any part of the consignment contains dangerous goods, such part is properly described by name and is in proper condition for carriage by air according to the applicable Dangerous Goods Regulations.
(45)
Signature of Shipper or his Agent</td></tr>
<tr><td>Prepaid</td><td>Total Other Charges Due Agent (41)</td><td>Collect</td></tr>
<tr><td>Prepaid</td><td>Total Other Charges Due Carrier (42)</td><td>Collect</td></tr>
<tr><td colspan="2">Total Prepaid (43)</td><td>Total Collect (44)</td><td rowspan="2">(46) (47) (48)
Executed on (date) at (place) Signature of Issuing Carrier or its Agent</td></tr>
<tr><td colspan="2">Currency Conversion Rates (50)</td><td>CC Charge in Dest. Currency (51)</td></tr>
<tr><td colspan="2">For Carrier's Use only at Destination (49)</td><td>Charges at Destination (52)</td><td>Total Collect Charges
(53)</td></tr>
</table>

单元二　国际货物收运

一、收运流程及收运原则

1. 收运流程

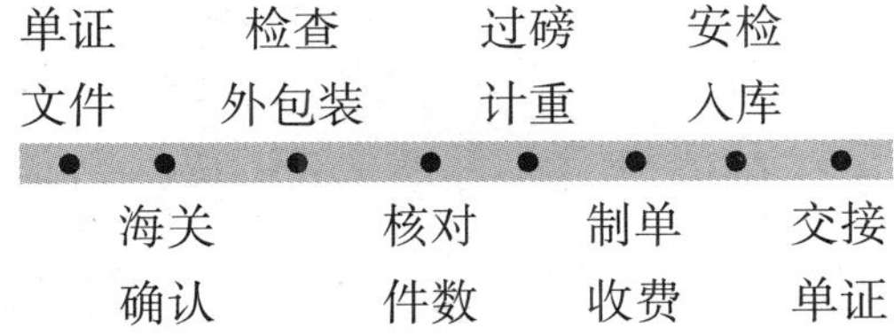

2. 收运原则

承运人或其代理人在收运国际货物时，应在确保货物不危及飞机安全、确保承运人受益的情况下收运货物，收运货物的所有条件应符合国家规定以及IATA的有关决议、决定。

二、收运检查

1. 文件检查

（1）接收和查验国际货物托运书。

（2）审核品名清单，检查、接收相关文件。

（3）托运特种货物需查看特种货物要求文件。

（4）确认海关电子 / 纸质放行信息。

延伸阅读

活体动物航空运输中，需要托运人准备完整的活体动物航空运输文件（国际运输需提供动物卫生证书，国内运输需提供动物检疫合格证明）。属于检疫范围的活体动物，托运人还应提供检验检疫机关出具的检验检疫证明；属于国家重点保护活体动物或者在CITES（濒危野生动植物种国际贸易公约）附录中列出的活体动物，托运人应提供政府主管部门签发的进出口许可证明。承运人在接收和运输活体动物时，应当填写活体动物收运检查单和特种货物机长通知单等运输文件。

2. 货物检查

（1）检查货物外包装和标签

收货人员按货物运输文件（不同情况下运输文件可能不同）上填写的内容核对标签上的运单号与目的站是否相符，如有不符，应要求货运代理人及时更正。同时确保外包装符合航空运输安全要求及相关法律法规的标准，且无破坏及渗漏现象。

（2）核对件数

收货人员应逐票清点货物件数，如发现件数不符，应在货主或代理进行更正后，方可收运。

（3）过磅计重

收货人员在收运货物时，必须对所有货物在收货称重区内进行逐票称重，并将称出的货物重量在文件上注明，若货物无法一次称完，可采用分批称重方式称重，并以累加方式计算货物重量。

三、收运限制

1. 品名限制

（1）各国限制运输的货物

各国限制运输的货物具体包括：活体动物，武器、军火等战争物资，危险物品，尸体、骨灰，机械装置、机器铸件或钢材，鲜活易腐品，无人押运行李，贵重物品，车辆，湿货等。

（2）隐含危险品

在运输中，承托双方不可将危险品作为普通货物收运。有些货物品名用一般描述的方式属于非危险性质，但由于货物成分和结构较复杂，其中可能隐含化学危险品，因此在收运前必须明确其成分，确认无危险后方可运输。收运人员必须经过充分的训练，以具备辨别隐含危险品的能力。通常情况下，可以采取以下措施，预防货物隐含危险品：

1）货物收运部门加大宣传力度，张贴宣传画，提示托运人不得按普通货物运输危险品。

2）加强对货物收运人员、货运代理人等工作人员的危险品相关知识培训。

3）利用危险品鉴定机构对性质不明的物品进行鉴定。

延伸阅读

“航空器零部件 / 航空器设备”可能隐含爆炸品（照明弹或其他烟火信号弹）、化学氧气发生器、不能使用的轮胎组件、压缩气瓶或灭火器、油漆、黏合剂、气溶胶、设备中的燃料、湿电池或锂电池等。

“汽车、汽车零部件 / 用品”可能隐含燃料电池发动机、湿电池或锂电池、轮胎充气装置中的压缩气体、灭火器、含氮震台架 / 支柱、易燃黏合剂、油漆、密封剂等。

“旅客行李”可能隐含爆竹、家庭用的易燃液体、腐蚀剂或下水道清洗剂、野营炉的气瓶、漂白粉等。

“药品”可能隐含放射性物品、易燃液体、易燃固体、氧化剂、有机过氧化物、毒性或腐蚀性物质等。

“摄影器材 / 设备”可能隐含发热装置、易燃液体、易燃固体、氧化剂、有机过氧化物、毒性或腐蚀性物质及锂电池等。

2. 装载限制

由于机型不同，货舱大小也不同，承运人承运货物时必须全面考虑飞机货舱的各种数据限制，包括飞机货舱的重量限制、体积限制以及其他限制等。

（1）重量限制

对于货物重量的限制，主要取决于机舱的地板承受力。不同的机型有不同的地板承受力限制，称为最大允许地板承受力，即每平方米货物重量作用于机舱地板的压力。当机舱地板的实际承受力超过最大允许地板承受力时，货物就会对机舱地板造成破坏。

窄体机下货舱及宽体机散货货舱对单件货物的重量限制等相关知识在模块二中已经有所介绍。

宽体飞机前、后下货舱都是集装化运输的，所以在宽体飞机下货舱运输的单件货物重量可以根据集装器在宽体飞机下货舱的最大限重来确定。由于集装器最大限重包含集装器皮重（含网套重量）和货物重量，所以，不同类型的集装器在宽体飞机下货舱允许装载的单件货物的最大重量是不同的。如下货舱集装器不能满足最大限量要求，则可以考虑全货机主舱运输。

使用集装器进行运输时，如货物对飞机货舱地板的压力强度超过货舱地板承受力，也会造成地板结构变形、设备损坏以及装卸困难等问题。所以，组装集装货物过程中遇有单件重量较大的货物时，必须通过计算判断是否需要在集装器与货物之间加垫板。飞机货舱地板承受力可在飞机重量平衡手册中查到。不同机型、同一机型的不同货舱或同一货舱不同装载区域，其地板承受力均不同。

（2）体积限制

一件货物能否运输，除重量因素外，还需要判断货物尺寸是否能够装进货舱门。判断方法是：以 cm 为单位，分别丈量货物外包装最宽和最高的两个点，然后与航班机型的货舱门尺寸进行比较。如果货物的宽和高大于飞机货舱门的宽和高，表示货物不能装进机舱，不能承运。

（3）其他限制

除飞机货舱的重量限制、体积限制外，还应考虑货舱内温度调节和通风设备的限制等。需针对货物的不同性质选择合适的舱位，保证货物运输的安全和质量。

3. 价值限制

各承运人出于盈利考虑，都会对运输货物的金额有最高限制。

4. 禁运要求

每个国家对进口货物都有禁运规定，承运人可以在一段时间内拒绝运输任意某个航线、某个航段、某个区域、某个中转站或某个品名及等级的货物。承运人一旦作出禁运决定，可向各个代理人、协议承运人及有关部门发出禁运令。禁运令自发出的次日（格林尼治时间 0：01）开始生效。

思考与练习

1. SLI 指的是什么文件？简述它的作用。
2. 简述托运人托运国际货物时需要注意的问题。
3. 承运人在收运国际货物时应检查哪些内容？
4. 简述国际航空货运单的构成及作用。

模块五 民航国际货物运输费用

对于航空公司来说，货物航空运费是运输活动的主要收入，运费过高或过低都不利于运输资源的合理配置，合理定价与计费有利于运输活动的良性循环。国际航空货物运输费用主要涉及计费重量、航空运价、不同国家货币以及各种其他费用等内容。

学习目标

☞ 掌握国际航空货物计费重量的确定方法

☞ 掌握运价手册中查询运价的方法

☞ 掌握国际航空货物运费的计算方法

☞ 掌握国际航空货物其他费用的确定方法

单元一　计费重量确定

计费重量是指计算货物运费的重量，在此特指计算航空运费的重量。

在确定计费重量时，是比较毛重和体积重量，取数据较大的一个作为计算依据。即：毛重大于体积重量，计费重量等于毛重；毛重小于体积重量，计费重量等于体积重量。

国际货物的计费重量以 0.5 kg 为最小单位，重量尾数不足 0.5 kg 的，按 0.5 kg 计算；0.5 kg 以上不足 1 kg 的，按 1 kg 计算。当货物重量以 lb 表示时，计费重量以 1 lb 为最小单位，小数点后的部分全部进为 1。

小提示

国际航空货物运输中的体积单位

厘米：centimeter/cm　立方厘米：cubic centimeter/cm^3

英寸：inch/in　立方英寸：cubic inch/in^3

米：meter/m　立方米：cubic meter/m^3

英尺：feet/ft　立方英尺：cubic feet/ft^3

例：一票货物共 3 个箱子，毛重为 325 lb，尺寸为 22 in × 16 in × 45 in。

体积重量 =22 × 16 × 45 × 3 ÷ 166 ≈ 287 lb

毛重 =325 lb

体积重量小于毛重，计费重量为 325 lb。

例：一票货物为纤维板桶包装，共 5 件，毛重为 68 kg，每件货物的直径为 43 cm，高为 60 cm。

体积重量 = 43 × 43 × 60 × 5 ÷ 6 000=92.45 kg ≈ 92.5 kg

毛重 = 68 kg

体积重量大于毛重，计费重量为 92.5 kg。

单元二　货　　币

一、货币代码

1990 年 1 月，国际标准化组织（International Organization for Standardization，ISO）创立了由字母组成的货币代码（见表 5-1）。

每个货币代码由三个字母组成。例如，人民币的货币代码为 CNY，其中 CN 为国家代码，Y 为货币简称。

表 5-1　　部分国家货币代码表

国家	国家代码	货币名称	货币简称	货币代码
澳大利亚（Australia）	AU	Dollar	D	AUD
中国（China）	CN	Renminbi	Y	CNY
日本（Japan）	JP	Yen	Y	JPY
俄罗斯（Russia）	RU	Ruble	B	RUB
英国（U.K）	GB	Pound	P	GBP
美国（U.S.A）	US	Dollar	D	USD

欧元区国家一律使用欧元作为统一货币，货币名称为 Euro，货币代码为 EUR。

二、货币进位

在国际货物运费计算或在不同货币换算中会出现小数部分的取舍问题，各国货币的进位规则公布在由国际航空出版社与国际航空运输协会合作出版的“空运货物运价表——货币表”中，见表 5-2。

表 5-2 空运货物运价表——货币表

Country	Currency			Rounding off units	
	Name	Unit	Code	Except min. Charges	Minimum Charges
Abu Dhabi	UAE Dirham	100 Fils	AED	0.05	1
Afghanitan	Afghani+	100 Puls	AFN	1	1
Ajman	UAE Dirham	100 Fils	AED	0.05	1
Albania	Lek+	100 Quindarka	ALL	0.10	1
Algeria	Algerian Dinar+	100 Centimes	DZD	0.05	1
Andorra	Euro	100 Cents	EUR	0.01	0.01
Angola	Kwanza+	100 Lweis	AOA	0.50	1

注：Rounding off units—进位单位；Except min.Charges—除最低收费外进位单位；Minimum Charges—最低收费进位单位。

计算时，需将数值计算到规定进位单位的下一位，然后按照半进位法进行进位。最后检查是否符合该货币最小单位要求，如位数不足用 0 补足。

延伸阅读

世界各国货币的名称不同、币值不一，所以，一国货币对其他国家的货币要规定一个兑换率，即汇率。汇率是指两种不同货币之间的兑换价格。如果把外汇也看成是一种商品，那么汇率即指在外汇市场上用一种货币购买另一种货币的价格。例如，1 美元 = 110 日元，表示 1 美元可以换 110 日元。汇率的表示方法有直接标价法和间接标价法两种。

国际贸易中货币换算还需考虑到买卖外汇角度，银行买卖汇率角度可以分成买入汇率和卖出汇率。

买入汇率也称买入价，即银行向同业或客户买入外汇时所使用的汇率。

卖出汇率也称卖出价，即银行向同业或客户卖出外汇时所使用的汇率。

单元三　国际航空货物运价

一、国际航空运价概述

国际航空运价是指机场与机场间的空中费用，不包括承运人、代理人或机场收取的其他费用。国际航空运价按组成分类，可以分为公布直达运价和非公布直达运价两类，如图 5-1 所示。

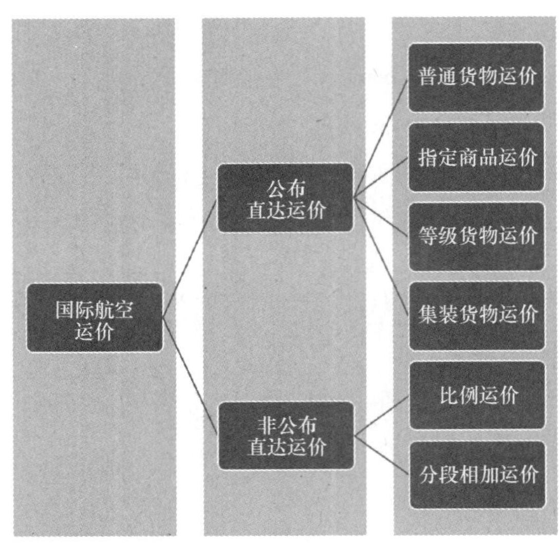

图 5-1　国际航空运价分类

二、国际航空运价使用一般规定

1. 国际航空运价通常使用始发国当地货币公布。

2. 国际航空运价一般以 kg 或 lb 为计算单位。

3. 国际航空货运单中的运价是以出具货运单之日所适用的运价为准。

4. 使用货物运价时必须符合“空运货物运价表”注解和说明中提出的要求和规定的条件。

5. 在使用货物运价时，应注意按照“从低原则”计算航空运费。

三、国际航空运价代号

国际航空运价代号是指在国际航空货运单上运价等级栏内注明的代号，特指所使用的运价。

1. M–Minimum Charge，最低运费。

2. N–Normal Rates，45 kg 以下普通货物标准运价。当无 45 kg 以下运价时，则指 100 kg 以下运价。例如，伦敦到上海的运价，N 后面的重量分界点为 100 而不是 45，故 N 代表 100 kg 以下的普通货物运价。

3. Q–Quantity Rates，重量分界点运价，45 kg（含）以上普通货物运价，包含不同重量分界点（100、300、500…）相对应的运价。

4. C–Specific or Commodity Rates，指定商品运价。

5. P–International Priority Service Rates，国际优先服务运价。

6. S–Surcharge Class Rates，附加等级运价。

7. R–Reduce Class Rates，附减等级运价。

四、国际航空运价使用顺序

1. 如有协议运价，优先使用协议运价。

2. 无协议运价，优先使用公布直达运价。

3. 如果始发地至目的地无公布直达运价，应首先使用比例运价组成全程运价。

4. 如果始发地至目的地无公布直达运价和比例运价，可以通过选择最合理的运价相加点，分段相加组成全程最低运价。

单元四 国际航空货物运费计算

一、普通货物运费计算

运输货物始发地与目的地之间所公布运价中，该货物既不适用于指定货物运价（或无指定货物运价公布），又不适用于等级货物运价或其他特殊运价，在这种情况下，该货物适用普通货物运价。普通货物运费计算步骤如下：

第一步，查阅运价手册，查找运价。运价表示例见下页。

第二步，根据货物实际毛重和体积重量，确定计费重量。

第三步，根据计费重量，确定重量分界点，选择适用的普通货物运价。

第四步，航空运费 = 计费重量 × 适用的货物运价。如存在较高重量分界点、较低运价时，要遵循“从低原则”。

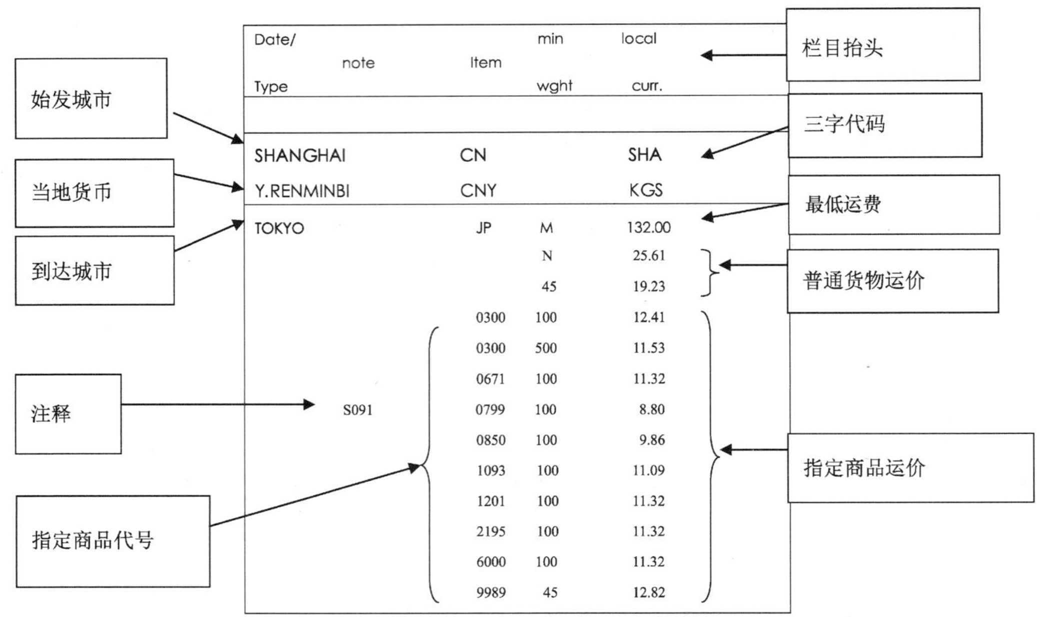

第五步，最低运费的检查。

例：使用较高重量分界点，遵循“从低原则”计算下述货物的航空运费。

航程：BJS−GVA

商品：Textiles

毛重：240 kg

包装 / 体积：12boxes　40 cm × 40 cm × 40 cm each

解：

查找运价，见下图。

Date/ Type	note	Item	min wght	local curr.
BEIJING		CN		BJS
Y.RENMINBI		CNY		KGS
GENEVA		CH	M	320.00
			N	48.92
			45	40.63
			100	38.72
			250	36.69
			500	33.42
			1000	30.70

①按毛重为计费重量计算：

体积重量：40×40×40×12÷6 000=128 kg

适用运价：GCR　Q　200　38.72

计费重量：240 kg

航空运费：240×38.72=9 292.8 元

②按较高重量分界点为计费重量计算：

体积重量：40×40×40×12÷6 000=128 kg

适用运价：GCR　Q　250　36.69

计费重量：250 kg

航空运费：250×36.69=9 172.5 元

<table>
<tr><th rowspan="2">No.of Pieces RPC</th><th rowspan="2">Gross Weight</th><th rowspan="2">K
L</th><th colspan="2">Rate Class</th><th rowspan="2">Chargeable Weight</th><th rowspan="2">Rate/ Charge</th><th rowspan="2">Total</th><th rowspan="2">Nature and Quantity of Goods (incl.Dimensions or Volume)</th></tr>
<tr><th></th><th>Commodity Item No.</th></tr>
<tr><td>12</td><td>240</td><td rowspan="2">K</td><td rowspan="2">Q</td><td rowspan="2"></td><td rowspan="2">250</td><td rowspan="2">36.69</td><td>9 172.5</td><td rowspan="2">Textiles
Dims：12boxes
40 cm×40 cm×40 cm</td></tr>
<tr><td>12</td><td>240</td><td>9 172.5</td></tr>
</table>

二、指定商品运费计算

指定商品运价是指在指定的地点间，由指定的承运人公布的，适用于某种特定商品，低于普通货物运价的运价。如指定商品运价低于相同货物重量要求的普通货物运价，在计算货物航空运费时，优先考虑指定商品运价。

当运价中公布指定商品运价时，首先应判断运价中的商品编号是否可用于货物品名（先确定大组，再确定小组，最后确定具体品名编号），如果可以，货物的计费重量还应符合该指定商品运价的最低重量要求，虽然指定商品运价较普通运价优先使用，但如果用普通运价计得的航空运费低于用指定商品计得的航空运费，则应使用普通货物运价。

例：使用指定商品运价，计算下述货物的航空运费。

航程：SHA–OSA

商品：Textiles

毛重：560 kg

包装 / 体积：10pcs　100 cm×50 cm×30 cm each

解：

查找运价，见下图。

Date/ Type	note min wght	Item	local curr.	
SHANGHAI SHA Y.RENMINBI KGS			CN CNY	
OSAKA	JP	M	230.00	
		N	30.22	
		45	22.71	
	0008	300	18.80	
	0300	500	21.60	指定商品运价
	1093	100	14.72	
	2195	500	18.80	

SHA-OSA 有普通货物运价也有指定商品运价，纺织品 Textiles 符合指定商品 2195 的品名描述。

体积重量：100 × 50 × 30 × 5 ÷ 6 000=125 kg

适用运价：SCR　2195　500　18.8

计费重量：560 kg

航空运费：560 × 18.8=10 528 元

No.of Pieces RPC	Gross Weight	K L	Rate Class		Chargeable Weight	Rate/ Charge	Total	Nature and Quantity of Goods (incl. Dimensions or Volume)
				Commodity Item No.				
10	560	K	C	2 195	560	18.8	10 528	Textiles Dims：10pcs 100 cm × 50 cm × 30 cm
10	560						10 528	

三、等级货物运费计算

如果属于国际联运，并且参加联运的某一承运人对其承运航段有特殊等级货物百分比，即使运输起讫地点间有公布直达运价也不可以直接使用，需采用分段相加的方法计算始发地到目的地的航空运费。等级货物运费的计算步骤如下：

第一步，根据货物品名判断其是否适合等级货物运价。

第二步，查阅适用的等级货物运价百分比，用适用的运价乘以百分比，计算出运价并进行进位。

第三步，用适用运价乘以计费重量，得到航空运费。

第四步，查阅适用等级货物最低运费百分比，计算出最低运费并与航空运费比较取高。

例：使用等级货物运价，计算 3 区与 2 区之间活体动物的航空运费。

航程：SHA-PAR

商品：Dogs

毛重：50 kg

包装 / 体积：2boxes　70 cm × 50 cm × 50 cm each

解：

查找运价，见下图。

	IATA AREA (see Rule 1.2.2. "Definitions of Areas")					
	Within 1	**Within 2**	**Within 3**	**Between 1 & 2**	**Between 2 & 3**	**Between 3 & 1**
ALL LIVE ANIMALS *except* Baby Poultry less than 72 hours old	175% of Normal GCR	175% of Normal GCR	150% of Normal GCR *Except: 1 below*	175% of Normal GCR	150% of Normal GCR *Except: 1 below*	150% of Normal GCR *Except: 1 below*
BABY POULTRY less than 72 hours old	Normal GCR	Normal GCR	Normal GCR *Except: 1 below*	Normal GCR	Normal GCR *Except: 1 below*	Normal GCR *Except: 1 below*

体积重量：70 × 50 × 50 × 2 ÷ 6 000 ≈ 58.3 kg

适用运价：150% of Normal GCR　N　52.81

52.81 × 150%=79.22 元

计费重量：58.3 kg

航空运费：58.3 × 79.22 ≈ 4 618.53 元

No.of Pieces RPC	Gross Weight	K L	Rate Class		Chargeable Weight	Rate/ Charge	Total	Nature and Quantity of Goods (incl.Dimensions or Volume)
				Commodity Item No.				
2	50	K	S	N150	58.3	79.22	4 618.53	Dogs Dims：2boxes 70 cm × 50 cm × 50 cm
2	50						4 618.53	

四、集装货物运费计算

集装货物运价是指适用于货物装入集装设备交运而不另加包装的特别运价。计算集装货物运费时应考虑以下内容：

1. 集装器运价种类代号。根据集装器的航协代号或尺寸，确定集装器运价适用种类代号。

2. 集装器最低计费重量，用于计算最低运费。

3. 集装器最低运费，有些直接给出最低运费，有些则需要计算。

4. 超过集装器最低计费重量的货物重量。

5. 超过集装器最低运费的货物运费。

（注：计算运费时，货物计费重量不包括集装器自重。）

单元五　国际航空货物运输其他费用

国际航空货运中，航空公司或其代理人将收运的货物自托运人运至收货人的整个运输过程，除了产生航空运费外，在始发站、中转站、目的站还会产生与航空运输相关的其他费用。

一、货物声明价值附加费

1. 承运人的赔偿责任限额

在国际航空运输中，不同国家、不同承运人适用不同的公约，因此承运人的赔偿责任限额是不同的，如适用《华沙公约》的国家赔偿责任限额为 20 美元，适用《蒙特利尔公约》的国家赔偿责任限额为 22 特别提款权。

2. 货物运输声明价值

货物运输声明价值（以下简称声明价值）是指托运人向承运人特别声明的其所托运的货物在目的地交付时的利益。声明价值附加费是指托运人办理货物声明价值时，按规定向承运人支付的专项费用，承运人在声明金额范围内承担责任。托运人需在国际航空货运单“Declared Value for Carriage”栏内注明声明的价值金额，或注明“NVD”，表明不办理货物运输声明价值。除另有约定外，每份货运单的货物声明价值，最高限额不超过 10 万美元或者其等值货币。

二、其他费用

1. 附加费

（1）航空货物燃油附加费

由于国际燃油价格不稳定，承运人在油价高位时会收取燃油附加费用。

（2）航空货物安全附加费

“9·11”事件后，各承运人先后制定了一系列货物安全运输措施，并开始收取航空货物安全附加费。

2. 操作费

（1）活体动物收运检查费

活体动物收运检查费是指向托运人收取的一票活体动物的检查、处理费用。一份国际航空货运单的活体动物收运检查费为人民币 200 元。

（2）危险品收运检查费

危险品收运检查费适用于运输危险品时，向托运人收取的一票危险品的检查、处理费用。中国境内承运人一般一份国际航空货运单的危险品收运检查费为人民币 650 元。

（3）枪械收运检查费

每份国际航空货运单收取枪械收运检查费为人民币 400 元。

（4）超限货物操作费

超限货物收运需考虑飞机货舱门尺寸、运行机场的装卸能力等，并应按规定收取一定的超限操作费，收费标准各航空公司有所不同。

3. 航空货运单费

航空货运单费即航空货运单的工本费。一份国际航空货运单收取的货运单费为人民币 50 元。

4. 退运手续费

退运手续费是指托运人退运货物时向承运人支付的手续费。一份国际航空货运单的退运手续费为人民币 40 元。

5. 代垫款项

代垫款项是指到付的其他运费总额。该款项由最后一个承运人向提货人收取，按国际货物运费到付结算规则，通过出票承运人开账结算，付给支付代垫款项的代理人或出票承运人。在任何情况下，代垫款项的数额都不得超过国际航空货运单上全部航空运费总额，但当国际航空货运单上的航空运费低于100美元时，代垫款项数额允许超过航空运费并达到100美元。

三、运费到付及到付手续费

不同国家对于是否接受到付以及到付手续费的收取有各自的规定，只有在货物目的地所在国家和空运企业许可办理此项业务时，始发国承运人方可接受运费到付，托运人、收货人根据到付的款项还应支付一定比例的手续费。当航空运费和声明价值附加费到付时，收货人除了支付航空运费及声明价值附加费以外，还应支付到付手续费。

下列货物在一般情况下不办理运费到付：无价样品、鲜活易腐货物、活体动物、报纸及印刷品、尸体、骨灰、礼品、新闻图片、彩片和电视片、酒精饮料、无商业价值的私人物品及家具、货物自身商业价值低于运费的货物、收货人是政府机构的货物、收货人是被剥夺自由的人的货物、收货人的地址是临时地址的货物、收货人和托运人是同一人的货物。

思考与练习

1. 简述国际航空运价类型。
2. 简述国际航空运价的使用顺序。
3. 请列举5种以上国际航空货运中产生的其他费用。
4. 填写下表的货币进位。

金额	货币代号	进位单位	进位后金额
215.004 6	AED	0.05	
26 845.6	AFN	1	
7 856.665 5	DZD	0.05	
856.755	EUR	0.01	

5. 运费计算。

（1）SHA-PAR //4PC 95 KG/TOYS　DIMS：40 cm × 40 cm × 60 cm each

（M-320　/ N-52.81　/ Q45-44.46　/ Q100-40.93）

（2）SHA-PAR //1PC 2 KG/TOY SAMPLE　DIMS：40 cm × 40 cm × 60 cm each

（M-320　/ N-52.81　/ Q45-44.46　/ Q100-40.93）

模块六 航空货物运送、到达与交付

在民用航空运输领域，货物的运输需要遵循一定的准则，即在安全、快速、准确、经济的前提条件下，按照保证重点、兼顾一般的原则，科学、顺利地完成货物的运输。

学习目标

- 掌握航空货物的运送顺序
- 了解航班货物吨位管理的原则
- 了解航空货物仓储要求
- 了解货物的分类以及货物的存放
- 熟悉国内、国际货物到达与交付流程

单元一　航空货物运送

航空货物运输与旅客运输相比，不仅运输对象完全不同，其生产组织方式、生产过程与生产计划实施管理等都有很大的不同。在装舱发货之前，必须明确货物自身性质以及货物的重要性，按照一定的顺序进行发运。如果因为特殊需要或者临时原因造成货运时间更改，托运单位或者相关负责人需要在登记表上准确标注发运日期和航班，承运单位必须按照登记表上的日期和航班将货物发出。

一、航空货物运送顺序

航空货物应按照下列优先顺序运送：

1. 政府命令急运的货物、紧急航材、急救药品等。

2. 已订妥航班舱位的货物。在航班运载能力等发生变化的情况下，订舱货物应优先运输。

3. 双方协议规定必须保证运输的快件、新闻稿件以及邮件、不正常运输货物等。

4. 鲜活易腐货物（不包括低运价的蔬菜、水果）、活体动物、灵柩、骨灰。

5. 临时拉下的订舱货物。

6. 其他货物按照收运顺序安排运输。

二、航空货物运送航线选择

航线的选择需要考虑多种因素，如时间、运费、天气等，应遵循科学合理、经济有效的原则，罗列出几种不同方案，针对不同的方案进行比较权衡，择优而定。

凡是有直达航班的，考虑到经济和速度的因素，一般选择直达航班进行货物的运送，尽量避免折回运送以及不合理的中转导致的资源浪费。如果实际情况需要中转或者折回的，需要及时向相关航站报备，取得对方同意之后再做决定。

如果在运输过程中，直达的航班班次较少，可以在联程系统中进行筛选，选择转运速度较快的航班，交给其进行转运。各个航班在一般状况下，应该依据运程合理的原则，选择货物的联程地点以及衔接航班。

需要分批运输的货物，在条件允许的情况下，尽可能沿着同一运输路线，不建议使用几条或者多条运输路线发运，避免造成交货混乱。

三、航空货物运送吨位控制

飞机运输货物的吨位控制不仅关系到飞机运输的安全，同时也关乎航运的利益收效。在安排航空货运时，应按照货物的重要性以及其他特殊要求，有计划地安排舱位，合理地利用飞机货舱的大小，科学地利用每一航段的最大吨位，充分体现航空运输方便、快捷的特性，实现服务质量的提升，具体应做到如下几点：

1. 对于航空吨位的控制必须遵循有效、科学的管理原则，即要对货物的重量、体积、尺寸以及集装器、集装板的数量做到实时掌握。

2. 对于一些需要紧急处理的货物，如快件或者海鲜活物等，需要预先留有吨位，确保货物装运时舱位空间足够。

3. 对于联程运输的货物，需要提前考虑中转站的运输能力。中转站接到相关联程请求，依据自身实际情况进行回复，在接受联程中转请求后，中转站要依据订单上的货物仓储吨位，进行吨位空间预留，同时进港部门必须在航班起飞前 2 个小时与出港配载部门完成交接。

延伸阅读

航班起飞 30 分钟内释放航班，即装机站将某一出港航班的所有装载信息通过计算机系统通知经停站和目的站。航班释放时应向有关航站发出电报，内容一般包括：航班货物装载信息报，集装器装载信息报，货邮舱单报，特种货物装载信息报，集装器移动控制报，货运单报，分运单报，其他有关货物运输的必需电报。

四、航空货物仓储

仓储是指货物收运后或者交付前对其进行入库、存储以及保管的过程。《中国民用航空货物国内运输规则》中明确提出：货运相关承运人或者团体必须依据实际情况，对出港货物运输量、货物特性等进行有效科学的分类，如普通货物、贵重货物、鲜活货物以及危险品等。货物仓储应当建立健全对应的保管制度，做好严格的交接手续，仓库内货物要做到合理摆放，定期对仓库内货物进行清理，落实安全隐患排查措施，做好防火、防盗、防鼠、防水、防冻等相关工作，保证货物的安全存储。

1. 货物仓储相关规定

（1）根据实际要求，依据货物自身特性和货物的运输量，对相应的货物进行建仓处理，对于贵重物品和危险物品仓库需要专人负责出入库的管理、核对和看管。

（2）建立相应的保管制度，严格把控交接手续的办理。仓库内的货物要做到合理、科学的摆放，定期清理。当仓库内存储的货物超过标准时，要做到及时的清仓。做好安全工作，排除安全隐患。

（3）针对客户的相关意见和需求，必要时对小件货物或者急件货物分别进行建仓处理，并做好对应的配运工作。

（4）仓库的管理必须做到责任到人、责任到区，不留死角。在规定时间内完成货物的检查和相关登记复核工作，如发现有未交接的货运单和货物，应及时上报和处理。

2. 货物分类及货物存放

对于待运输货物应进行合理的分类，在分类过程中要遵循货物特点，设立不同的存放区，除此之外，还应设有中转货物操作区、短时间存放区、危险品存放区以及其他较为贵重的物品存放区。

3. 货物出仓相关规定

货物出仓就是将仓库内的货物与货邮舱单及航空货运单核对后进行单独存放，并准备运输的过程。货物出仓的相关规定具体如下：

（1）出仓前首先要明确所配载的货物体积能否装入货舱、货物重量是否超过货舱地板的承受能力。

（2）出仓时货物的保管人员必须进行严格审核，做到“三核对、三符合”，即航空货运单与货邮舱单中信息是否一致，货邮舱单与装机单中信息是否一致，装机单与出仓单中信息是否一致。

（3）货物出仓搬运时必须要严格按照包装上的储运指示标志处理，如果货物需要进行特殊看管或者存储，保管人员应向搬运人员交代清楚。

（4）货物出仓时，保管人员如对货物重量或者件数有怀疑，应当及时报备；如发现货物重量或者体积过大，不能够装入货舱，应当另行调配；对分批发运的货物，除标准件外，应每批核实过秤，不可估算。

（5）出仓的货物，应按照货舱号分别进行堆放，注意不要与未出仓的货物混杂。

（6）包装不够完善或者运输手续不齐全的货物，应该分别完善好包装、补齐手续后才能够出仓；已经发生破损且未查明原因的货物，运输手续不齐全或不能够确定收货人的货物，或者需要加固、更换包装的货物，都不能完成出仓操作。

（7）为了便于复核装机的货物，保管人员应该如实填写装机单。

4. 出入库注意事项

(1) 货物出入库查验

货物出入库查验是指货物入库核对以及出库核对，具体包括物品名称、重量、规格等信息的核对。在出入库时要对核对的信息进行纸质记录，记录内容要与核对结果相同，不可随意填写。

(2) 清仓

货物在进出库时，仓库管理人员要准时更新仓库货物信息，及时审查记录内容，完成仓库进出货物的管理（见表 6–1）。

表 6–1　　清仓记录表

货单号	始发站	目的站	件数	重量	品名	到货日期	货物性质	基本情况

盘查人：　　　　盘查日期：

(3) 理货

理货是指在飞机到达之后、收货人提货之前对某一批次货物数量和完好情况的检验，若通过理货发现货物中存在破损、缺失等异常现象，可向承运人提出交涉。

五、航空货物装卸

货物运输过程中，装卸作业是至关重要的一项流程，是实现货物安全送达的必要一环。该环节是否成功运行关乎整个运输过程的安全和服务水平，同时也关乎运输航班的精准飞行。航空货物装卸环节具体内容包括对各类型货物进行转移、装机和卸货等操作，操作人员需要具备专业而熟练的技能，并熟知货物摆放、固定原则等具体要求。

货物装卸实行责任制，各航班、各货舱都需要指定人员进行装卸监管工作，相关负责人既要引导操作人员文明作业，又要保证货舱内设施足够安全。

单元二　航空货物到达与交付

航空货物在到达目的地后需要进行一系列的交接，每一个交接都需要按照一定的流程和准则进行，货物到达与交付是航空货物运输流程的最后一个交接环节，也是保证货物顺利交给收货人的重要因素。

一、国内货物到达环节

国内货物运输中，当货物按时、按点到达目的地，目的场站的工作人员做好货物接收准备后，按照要求完成到站货物的处理工作，即完成货物的运输流程。货物处理工作主要步骤如下。

1. 交接业务袋

目的场站的工作人员需要熟知当前航班抵达场站的具体时间以及航班的动态信息，对当天到达场站的航班做好详细记录，在交接业务袋的同时安排卸货工作并填写卸机单（见表 6–2）。

表 6–2　　卸机单

________航班　________飞机　　　　________年____月____日

	行李	邮件	货物
载重表件数			
实卸件数			
特种货物			

库房管理部门接收业务袋后，应对业务袋中的所有凭证单据进行反复校核验证，着重验证所有单据中目的场站名称等核心信息，同时确定单据中货物属性和数量等内容是否准确。

2. 监卸作业

监卸人员要依照货邮舱单或飞机载重报告监督工作人员卸货，直至工作人员将货物顺利运至仓库方可结束。我国颁布的关于国内民航货物运输的相关文件对此有明确的要求：

（1）卸货过程中，应按照货物外包装上的指示进行操作，严防损坏货物。

（2）如托运货物超限或货物存在卸货困难，承运方可请求托运方或收货方提供人力或装卸设备的支持。

（3）在运输中，如有破损情况不能再进行运输，承运方应当做好记录并如实告知收货方或托运方，询问对方意见后再进行处理。

3. 分拣作业

货物卸机后，工作人员应按照航空货运单和货邮舱单对货物进行核对，将货物依照数量、性质、流向以及货单号码进行分拣，作业时限为 2 小时，最多不能超过 4 小时。

4. 货物临时保管

货物被分拣后则进入临时保管状态，直到该货物成功交付。临时保管货物一般根据货运单编号尾数进行排序存放。存放过程中需要注意货物的基本属性，将货物在规定的温度、湿度、气压等条件下保存，以保证货物在临时保管过程中不受损坏。

二、国际货物到达环节

1. 接收航班信息文件

以当日接收的航班信息和航班实际动态为标准，目的场站工作人员及时接收随机文件，详细登记，并按要求填写卸机单。卸机单要依照飞机配载平衡图制作，一式两份，其中一份与货邮舱单一起留存，另一份交由卸机员保存。

2. 卸机作业

飞机到港后，承运方卸机人员进行卸机操作。卸载完成后要将全部货物与货邮舱单进行核对，确保无误后将货品运输至海关监管仓库暂存。在进行卸机作业时需要注意以下事项：

（1）货主需要对地面仓储服务、装卸劳务等代理服务支付费用。

（2）在规模较大的枢纽机场，由于航空公司合作的地面服务代理人不同，所以在运输时要注意区分货物对应送往的海关监管仓库。

（3）货物到港后，海关监管仓库一般为货物提供 3 天的免费仓储期，但如果货物是危险品，则不能享受免费的仓储期，到货当天即收取高于普通货物存储价格的仓储费。

3. 进口申报作业

在进行进口申报时，应根据主单号将货邮舱单的收货代理信息、货品件数、货品重量等录入海关系统。航空公司的主单收货对象必须是在海关和商务部登记注册的一级货运代理，依据申报的信息，海关部门即可对货物后续流动进行监控。

4. 货物分拨作业

货物分拨作业是指在货物到港后 4 小时之内进行的提货和转运工作。由于货物存储超过 3 天就会收取仓储费用，加上地面代理的仓储容量有限，必须尽快完成货物分拨作业。在货物分拨作业过程中需要注意以下事项：

（1）由海关人员监控装卸现场。

（2）运送货物时要使用带铅封的分拨转运箱或海关监管车辆。

（3）报关员需要进行货物分拨申请。

（4）不要求机场自提的货物，应依据相关地址，由海关监管车辆或航空公司地面运输车辆转运到专门的监管仓库。

延伸阅读

海关是进出境的监督管理机关，凡受海关监管的进出境物品，统称海关监管货物。货物从进出境起到最终办结海关手续止的期限，就是海关对监管货物的监管期限。在对外开放的口岸和海关监管业务集中的地点设立海关是我国海关的设关原则。

5. 仓储监管作业

海关利用信息化手段掌握仓库内货物信息，对航空公司的海关监管仓库进行备案；为了加大监管力度，海关工作人员会在仓库进行进一步的抽查、检验工作。

延伸阅读

2018 年我国推行商品进出口检疫检验制度改革，将该方面职能由国家质量监督检验检疫总局划入海关总署，自此对各类入境产品的检验检疫工作由海关作为职能行使主体。海关在接收检验检疫职能的同时大力推行全国海关检疫检验一体化，并建立海关总署牵头、覆盖全国海关机构的检验机制；同时不断出台最新的入境商品检验规章制度以及政策方针，有力推进商品入关检验和资质检验的一体化，取消传统入关检验中提交通关单等相对烦琐的步骤，在优化出入境检验机制的同时提升商品通关流程效率。另外，在海关商品检验体系中充分结合国际贸易窗口与海关网络公示信息平台，充分发挥互联网在信息共享、信息公开领域的优势，建立出入境企业的信用体系；在关税支付层面引入全新的信息化支付系统，对贸易监管机制的改革则以企业为核心，对进出口报关单据内容进行必要调整，使用“单一窗口”显著提升商品出境、入境工作的执行效率。

三、航空货物交付处理

货物到达之后，收货对象对货物予以核实验收，确保无误后在运输单上签字确认的过程称为航空货物的交付处理。

1. 通知到货环节

货物被运输到目的地之后，代理人或承运人必须第一时间通过电话、短信等方式告知收货人。通知到货环节必须遵循以下规定和要求：

（1）常规货物到达后的通知到货环节，可以控制在货物到达后的一天之内。

（2）急件货物必须在 120 分钟之内将通知到货环节落实完毕。

（3）如果提前获知货物的到达时间以及收货人信息，应当在确保飞机到达时间不变后，提前通知收货人来取货。

（4）如果货物已经到达，但是航空货运单未到，可以以货物包装的发货标识为参考依据，通知收货人前来提取货物。

（5）国内货物交付处理环节落实完毕 5 天后如果仍然没有收货人前来提货，则需要二次通知。

2. 一般货物交付环节

（1）查验收货人的相关身份信息证件。

（2）进行费用结算，包括航空运输费、货物保管费等一系列费用。

（3）以航空货运单上的货物件数为依据对货物进行清点，清点无误后，收货人在收货栏内签名意味着货物的整体运输环节完毕。如果收货人对于货物的重量、件数、包装状态等存疑，应当第一时间重复称量或者进行现场查验，无法解决的情况下需要双方签字确认，填写货物运输事故表。

（4）交付环节落实之后，需要将航空货运单以实际时间为标准，由到达场站相关工作人员妥善整理并装订存档。

3. 分批货物交付环节

（1）货物运输过程中，前站可以出具电报或分批发运单，到达场站可以在做好记录的前提下，与收货人以分批的形式进行货物交付。

（2）货物运输过程中，如前站无法出具电报或分批发运单，到达场站需要备齐货物单据之后，才可以进行货物交付。

4. 丢失航空货运单情况下的货物交付流程

（1）按照相关规定找到承运人复印相关航空货运单。

（2）以航空货运单的复印件或者副本作为参考标准履行货物交付流程，如果复印件或者副本上存在更改情况，需要联系始发站工作人员核实货物的具体信息。

（3）丢失航空货运单的货物，在交付环节需要额外关注货运标签、标记等细节。

（4）交付完成后，航空货运单需要和收货人出具的提货信息一起留存归档。

思考与练习

1. 简述航空货物运送顺序。

2. 简述国内货物到达与交付流程。

模块七 航空货物不正常运输处理

本模块主要介绍航空货物不正常运输处理的基本知识及不正常运输处理的原则，并分析各类运输事故的索赔与赔偿，以解决在运输过程中遇到的各类问题。

学习目标

☞ 掌握航空货物不正常运输种类及不正常运输的处理

☞ 掌握自愿变更与非自愿变更的处理

☞ 了解运输中索赔与赔偿事件的处理

单元一　货物不正常运输种类

货物不正常运输是指在进行货物运输时，由于各种原因而导致的运输不正常情况，如错装、漏卸、标签贴错等。发生货物不正常运输情况，承运人要及时补救，妥善处理，以免损失扩大。

一、货物破损

货物破损是指货物在运输途中出现的破裂、变形、毁坏等现象。货物破损一般处理方法如下：

1. 货物出现破损，承运人应第一时间通知到达场站，并在运输事故签证（见表 7–1）上做好记录。

2. 如果货物进行联运，需要对包装进行修复或重新打包，相关费用由承运人承担。

3. 遇到国际货物严重破损时，承运人应和海关相互配合，做好货物检查、事故签证以及货物保管等相关工作，在征求托运人意见后进行下一步处理。

4. 运输事故签证要在货物未转运时就准备好，货物转运的时候将运输事故签证和航空货运单附在一起送往目的地。

表 7–1　　运输事故签证

编号：______________

航站		日期	
航班号		飞机号	
负责业务载重的空勤组成员			
1. 货运单、行李牌或邮件路单号码			
2. 发运站		到达站	
3. 重量		件数	

续表

<table>
<tr><td>4. 托运人姓名及地址</td><td colspan="2"></td></tr>
<tr><td>5. 收货人姓名及地址</td><td colspan="2"></td></tr>
<tr><td>6. 包装情况</td><td colspan="2"></td></tr>
<tr><td>7. 所附证件</td><td colspan="2"></td></tr>
<tr><td>8. 事故发生或经过</td><td colspan="2"></td></tr>
<tr><td>9. 结论</td><td colspan="2"></td></tr>
<tr><td>填报人</td><td>姓名</td><td>职别或通信处</td></tr>
<tr><td></td><td colspan="2">1. ____________
2. ____________
3. ____________
4. ____________</td></tr>
</table>

二、货物丢失

货物丢失会造成很大的损失，只有正确处理才能将损失降到最低。发现货物丢失，承运人应第一时间通过电话、传真、电报、互联网等方式向始发站或经停站查找，并及时向外场了解卸货情况，确认是否有可能遗漏在货舱内，是否在地面运输途中丢失，或是否有拾到货物的反馈等。如货物被找回，要及时给各航站发通知，并快速将货物送往目的地。如查询 30 天仍无结果，则认定货物丢失，承运人应按规定向货主出具航空运输事故签证。

三、货物多收

货物多收即货邮舱单上并没有相关货物的信息，或货物实际件数多出运单件数的情况。

发现货物多收时，承运人应尽快将多收的货物信息告知各航站，各航站之间及时沟通，形成对货物的处理指示，按指示处理货物。如多收的货物为国际货物，应上报海关，经海关同意后方可运回始发站。对于多收的货物，各航站一般都会有专门的存储室，方便进行信息登记及货物保管工作。

四、货物漏装

货物漏装是指航班起飞之后发现本该由本次航班运走的货物被装机站漏装的情况。发现货物漏装，承运人要第一时间发出漏装通知，包括目的站和下一卸机站都要通知到位。这种情况比较紧急，一般会使用电报将漏装货物的具体信息进行说明，包括货运单号、数量、始发站等。接下来应安排续运工作，漏装货物需要以最快的速度运出，以最大化降低差错带来的影响。发生货物漏装，一般承运人的责任较大，因此续运工作一般由承运人来负责。

五、货物漏卸

正常情况下在卸载货物时，是按照航空货运单上的先后顺序逐一卸载，对应数量、名称等信息，这样才能避免出现差错。如果未按航空货运单有序卸载，就有可能导致货物漏卸。

发现货物漏卸时，承运人需要第一时间向漏卸站和装机站反馈，经各方沟通之后以合适的方式将漏卸货物运往漏卸站或目的站。

六、临时拉货

航空货物一般运输距离较长，运输环节复杂，难免会出现航班运行不正常的情况，此时就需要将航班上的货物卸下，称为临时拉货。

临时拉货需要按顺序进行，并将拉卸货物信息一一注明。同时，通知装机站和卸机站，并将卸下的货物尽快运往目的站。

七、货物错贴（挂）标签

货物错贴（挂）标签是指由于工作人员疏忽错贴（挂）标签，使得航空货运单信息与标签上所贴信息不相符的情况。

货物错贴（挂）标签如果发生在始发站，货物还未运出，只需要对货物标签进行更换处理即可；如果发生在经停站、目的站，应首先核对航空货运单与实物信息是否相符，如果相符只需要更改标签，如果不相符，需要发电报给始发站获取货物的信息，包括包装、尺寸等，并由始发站给出货物处理意见，之后根据意见处理。

八、货物无标签

货物标签脱落或未贴标签，都称为无标签货物。由于没有标签，货物信息得不到证实，只能与航空货运单信息一一核对，如果相符，补贴（挂）标签；如果不相符，则判定为不正常货物，将其贴上“不正常运输”标签后放置在特定位置。

九、拒收货物

拒收货物是指承运人不具备运输条件，无法承运或继续运输的情况。拒收货物发生的地点不同，处理方式也有差异。如果发生在始发站，航空货运单未出，向托运人说明拒收原因并做处理即可；航空货运单已出，还需将航空货运单以及托运书做作废处理。如果发生在中转站，应做好“不正常运输”标注和信息登记工作，并通知装机站、终点站和各航站。

十、货物品名不符

货物品名不符是指货物实际名称与运输凭证上填写的名称不相符的情况。

如在始发站发现货物品名不符，应停止发运，通知托运人将货物取回，并办理退运手续，如托运人要求继续运输，则按照实际货物收取运费之后发运。

如在经停站发现货物品名不符，应暂停运输，并收取不高于货物总运费的违约金，之后货物进行提取还是重新安排运输由托运人决定。

如在目的站发现货物品名不符，收取不高于货物总运费的违约金之后可正常提货。

单元二　货物运输变更

货物运输变更分为自愿和非自愿两种形式，变更形式不同，处理方式也不同。

一、自愿变更

1. 自愿变更的定义

自愿变更是指由托运人自愿提出，或由于托运人原因导致的运输变更。

2. 自愿变更的期限

在货物发运之后一直到被提取之前，托运人在履行合同的前提下可以对货物运输作出变更要求，期间产生的各种手续费由其自身承担。

3. 托运人有权提出的变更要求

托运人有权提出退运、停运、变更目的地和收货人或货物退回始发站等变更要求。需要注意的是，自愿变更必须要对全部货物进行变更，而不能只对部分货物进行变更。

4. 自愿变更的处理

（1）一般要求

相关航站收到托运人提出的货物运输变更要求后，应该第一时间通过电报将信息通知其他航站，货物所在航站及时做好清点工作，并将各种费用汇总之后汇报给始发站，执行变更需要得到始发站的确定回复之后才能进行。

（2）发运前退运

只要货物未发出，即使托运手续已办好，托运人都可以提出货物退运要求。货物退运之后，始发站应将航空货运单收回，并将其他各联进行作废处理，期间产生的相关费用，如地面运输费、退运手续费等需要扣除，并将退款明细列出之后标明余款交于托运人，托运人签字之后整个货物退运环节即可完成。

（3）经停站变更

始发站收到货物变更要求后，首先应确定货物所在位置，然后将应该收取的费用汇总，再将变更消息快速通知货物所在航站，待接到航站回复之后，将需要扣除的费用进行扣除之后，余额退回托运人。

对于经停站来说，如果始发站向其发出通知，要求其进行变更，需要及时核对货物，向始发站报告货物位置以及由于变更所产生的全部费用。

各个航站都要留存货物运输变更的相关信函、电报以及电话等交流和沟通记录，便于后续查看。

(4) 目的站变更

1）发运前进行目的站变更：始发站及时收回托运人的航空货运单，并进行作废处理，具体的处理方式依据退运流程执行，避免由于没有及时处理而出现相应的手续费。依据最新的目的站重新填写航空货运单，当涉及国际运输时，航运部门的相关流程和手续由托运方自行办理。

2）发运后进行目的站变更：始发站首先了解货物位置，收到货物到达航站的回复信息后，计算已经产生的各项费用。托运人在将由于变化而产生的各项费用结算完成以后，承运人可以履行变更内容。

(5) 退回始发站

货物所在航站在接收到来自始发站的货物退回通知以后，要在第一时间核对货物，向始发站发出货物信息以及由于运输变更而产生的全部费用信息，并开始准备退回货物的相关工作，向始发站返还已产生的全部文件、原始航空货运单以及货物等。如果退回货物的航班不是原始承运人的航班，还需要将航空货运单进行重新编制。

二、非自愿变更

非自愿变更一般是指承运人所进行的运输变更。

1. 非自愿变更的原因

由于下述原因，承运人可以不事先告知，对航班进行取消、变更、重排或者终止操作，也可以不承载货物或者承载一部分货物继续飞行。

（1）政府下发的命令、要求或者规章。

（2）由于天气、政治、战争、罢工、国际异常局势、禁运、骚乱、戒严等原因产生的不可抗力。

（3）为了保证运输的合理性，承运人要对托运方的利益进行权衡，可以不事先通知，选择另外的运输方式或者将一部分货物托运到目的地。

（4）为了使飞行中的安全得到有力保证，满足法律以及规范的要求，承运人可以将全部货物中的一部分留下或者全部托运，然后继续飞行。

2. 非自愿变更的内容

（1）变更航线、日期、航班。

（2）变更承运人或运输方式。

（3）运输之前退运。

（4）变更经停站、目的站。

（5）货物从经停站向始发站退运。

3. 非自愿变更的处理

如果发生了非自愿变更，承运人要及时向始发站、收货人或者托运人发出通知，协调可以解决问题的方法。

延伸阅读

在运输途中，如果足以证明所托运的货物在所采用的法律、公约以及规定范围内不允许运输，承运人可以中止运输。如果需要，可以选择由当地的行政机关处理货物。

如果在运输途中了解到货物的包装存在问题或者货物本身可能对飞机安全产生影响，承运人可以在恰当的时间、地点，不进行事先通知而将货物转移，不需要承担法律责任。

如果托运方要求将中止的货物向始发站退回，则要在满足法律要求和规定的基础上，由托运方对承运人提出要求，承运人按照要求操作，托运方承担费用。

三、运费更改

1. 运费更改处理

(1) 发运货物之前的运费更改

在发运货物之前，如果托运人提出要对付款方式、垫付款金额进行更改，应将原货运单据收回，结合情况对运费进行补缴或者退回。

(2) 发运货物之后的运费更改

在发运货物之后，如果托运人提出要对付款方式或者代垫款金额进行更改，应完成货物运费更改通知单（见表 7–2）的填制，结合实际情况对运费进行补缴或者退回，更改所产生的手续费由托运人承担，费用的计算要依照航空公司下发的费用计算标准来确定。

表 7-2　货物运费更改通知单

编号
No.　（20）

<table>
<tr><td colspan="3">货运单号
AWB No.　（1）</td><td colspan="2">始发站
Origin　（2）</td><td colspan="2">目的站
Destination　（3）</td></tr>
<tr><td colspan="5">托运人
Shipper　（4）</td><td colspan="2">货运单填开日期
Date of AWB Issue　（6）</td></tr>
<tr><td colspan="5">收货人
Consignee　（5）</td><td colspan="2">货运单填开地点
Place of AWB Issue　（7）</td></tr>
<tr><td colspan="3">货运单填开人名称
AWB Issued by　（8）</td><td colspan="2">中转站 1
TO 1　（9）</td><td>航班号
Flight No.
（9）</td><td>日期
Date
（9）</td></tr>
<tr><td colspan="3" rowspan="2">中转站填写货物续运情况后将此通知单转下一承运人
Transfer stations to complete 2 or 3 as appropriate and forward form to next carrier.</td><td colspan="2">中转站 2
TO 2　（9）</td><td>航班号
Flight No.
（9）</td><td>日期
Date
（9）</td></tr>
<tr><td colspan="2">中转站 3
TO 3　（9）</td><td>航班号
Flight No.
（9）</td><td>日期
Date
（9）</td></tr>
<tr><td>实际重量
Gross Weight</td><td colspan="2">更改后货物毛重
Revised/Correct Gross Weight</td><td colspan="2">更改前货物毛重
Original/Incorrect Gross Weight</td><td colspan="2" rowspan="4">备注和更改原因
Remark and reason for issuing CCA

（16）</td></tr>
<tr><td>重量单位
Weight Unit
（10）</td><td colspan="2">（11）</td><td colspan="2">（12）</td></tr>
<tr><td>费用
Charges</td><td colspan="2">更改后货物运费
Revised/Correct Charge　（14）</td><td colspan="2">更改前货物运费
Original/Incorrect Charge　（15）</td></tr>
<tr><td>货币代号
Currency
（13）</td><td>预付
Prepaid</td><td>到付
Collect</td><td>预付
Prepaid</td><td>到付
Collect</td></tr>
<tr><td>航空运费
Weight Charges</td><td></td><td></td><td></td><td></td><td colspan="2" rowspan="5">（17）
如果货物无人提取，填写应向托运人收取的所有在目的站产生的费用
In care of non-delivery and specify all charges due at estimation for collection from shipper.</td></tr>
<tr><td>声明价值附加费
Valuations Charges</td><td></td><td></td><td></td><td></td></tr>
<tr><td>代理人的其他费用
Other Charges Due Agent</td><td></td><td></td><td></td><td></td></tr>
<tr><td>承运人的其他费用
Other Charges Due Carrier</td><td></td><td></td><td></td><td></td></tr>
<tr><td>总额
Total</td><td></td><td></td><td></td><td></td></tr>
</table>

续表

<table>
<tr><td>正本　填开 CCA 的承运人
Original – for Carrier issuing CCA
副本 1　制单承运人的结算部门
Copy 1 – for Accounting Department of issuing Carrier
副本 2　第一承运人
Copy 2 – for First Carrier
副本 3　第二承运人
Copy 3 – for Second Carrier
副本 4　制单承运人的货物部门
Copy 4 – for Cargo Department of issuing Carrier</td><td>填开日期和地点
（18）
Date and Place of Issue
签字
（19）
Signature</td></tr>
<tr><td>请将此回执填写完毕后退回 CCA 承运人
This receipt must be complete and returned to carrier.
至：
To：
地址：
Add：
货物运费更改通知单编号：
Ref.：CCA No.　（21）
货运单号码：
Ref.：AWB No.　（22）</td><td>我们已经根据要求将有关文件进行了调整，并采取了相应的措施
We herewith confirm having corrected our documents and taken the necessary action as per your instructions.
自：
From：　（23）
在：
At：　（24）
日期：　签字：
Date：　（25）　Signature：　（26）</td></tr>
</table>

2. 货物运费更改通知单一般规定

（1）只要确认货物没有向收货人交付，任何与货物运输有关的承运人都可填开货物运费更改通知单。

（2）运费的变更金额大于 5 美元，可以填写并出具货物运费更改通知单。

（3）货物运费更改通知单应该开具相同的四份，其中承运人留存一份，同时提交给财务部门、始发站以及目的站。

（4）填写货物运费更改通知单的部门，要向第一承运人提交填写完成的通知单，再由第一承运人向第二承运人提交，依次逐级向后转交。

3. 货物运费更改通知单填制

货物运费更改通知单的填制方法如下：

正文部分

（1）货运单号（AWB No.）栏：填写航空货运单号码。

（2）始发站（Origin）栏：填写航空货运单上的始发站名称。

（3）目的站（Destination）栏：填写航空货运单上的目的站名称。

（4）托运人（Shipper）栏：填写航空货运单上的托运人名称。

（5）收货人（Consignee）栏：填写航空货运单上的收货人名称。

（6）货运单填开日期（Date of AWB Issue）栏：填写航空货运单的填开日期。

（7）货运单填开地点（Place of AWB Issue）栏：填写航空货运单的填开地点。

（8）货运单填开人名称（AWB Issued by）栏：填写制单承运人或其代理人的名称。

（9）中转站、航班号、日期（To，Flight No.，Date）栏：填写第一承运人运达的目的站或中转站、航班号和日期以及参与续运的承运人的中转站、航班号和日期。

（10）重量单位（Weight Unit）栏：填写货物重量单位。

（11）更改后货物毛重（Revised/Correct Gross Weight）栏：填写更改后货物的实际重量。

（12）更改前货物毛重（Original/Incorrect Gross Weight）栏：填写航空货运单上的货物毛重。

（13）货币代号（Currency）栏：填写航空货运单上显示的货币代号。

（14）更改后货物运费（Revised/Correct Charge）栏：按照对应各项填写更改后的货物运费。

（15）更改前货物运费（Original/Incorrect Charge）栏：按照对应各项填写航空货运单上所列的货物运费。

（16）备注和更改原因（Remark and reason for issuing CCA）栏：填写运费更改的主要原因及无法交付货物在目的站产生的所有费用。

（17）如果货物无人提取，填写应向托运人收取的所有在目的站产生的费用。

（18）填开日期和地点（Date and Place of Issue）栏：填写货物运费更改通知单的填开日期和地点。

（19）签字（Signature）栏：货物运费更改通知单填开人签字。

（20）编号（No.）栏：填写此货物运费更改通知单的编号。

回执部分

（21）货物运费更改通知单编号（Ref.：CCA No.）栏：填写所回复的货物运费更改通知单的编号。

（22）货运单号码（Ref.：AWB No.）栏：填写航空货运单号码。

（23）自（From）栏：填写回执单位的名称。

（24）在（At）栏：填写回执单位所在地名称。

（25）日期（Date）栏：填写发送回执的日期。

（26）签字（Signature）栏：发送回执部门领导签字。

单元三　索赔与赔偿

一、责任的确定

1. 承运人责任范围

从收运一直到交付，货物的安全运输责任都由承运人负责。在货物的运输过程中，托运人向承运人交付货物以后，就完成了货物风险的转移，如果存在货物损失，责任方为承运人。

2. 承运人除外责任

由于下述原因导致运输不正常，可免除承运人责任：

（1）武装冲突、自然灾害、战争、政府原因等不可抗力。

（2）因货物自身属性、缺陷以及性质等原因，在运输中由于气温、气压等发生改变而引发的短少、破损等。

（3）货物包装方法不合理或容器不适合。

（4）货物外包装完整，但内容物出现了破损。

（5）货物正常损耗。

（6）由于自然原因造成的动物死亡，动物本身或者与其他动物发生冲突而导致死亡。

（7）在押运活体动物过程中，押运员由于动物关系而受伤甚至死亡的，承运人对此不承担责任，而是由托运人承担。

（8）为实现托运人运输变更要求导致的货物受损，承运人不承担责任。

二、索赔与诉讼

1. 索赔人

（1）定义

索赔人是指在执行航空运输合同的过程中，因货物运输损失对承运人或者代理人提出索赔要求的人。

（2）范围

1）航空货运单上的收货人或者托运人。

2）托运人、收货人的亲属或其他相关人员（必须有托运人或者收货人签发的权益转让书）。

3）保险公司以及授权律师事务所的律师（必须有托运人或者收货人签发的权益转让书）。

2. 索赔地点

（1）索赔地点包括目的站、经停站以及始发站。

（2）一般状况下，目的站负责受理索赔，特殊情况下，始发站或者发生损失的航站也可以受理索赔。

3. 索赔时限

（1）发现货物明显损坏或者丢失，索赔人应在发现后第一时间提出索赔要求，最晚提出时间是货物被接收当天起 14 天内。

（2）发生运输延误，索赔人应该在得到货物处置权后的 21 天内提出索赔要求。

（3）如果收货人无法提到货物，应该在开具航空货运单后的 120 天内提出索赔要求。

如果不能证明承运人有欺骗行为，且索赔人也没有在上述规定时间内提出索赔要求，则视为放弃向承运人索赔的权利。

4. 索赔凭证

（1）货物运输事故记录

收货人提取货物时发现货物存在不正常情况，经与承运人沟通后填写货物运输事故记录，索赔人可以凭此记录向承运人提出索赔要求。

（2）航空货运单

收货人提取货物时发现货物存在不正常情况，经与承运人沟通后将此情况注明在航空货运单相关联上（国内航空货运单注明在货物交付联上，国际航空货运单注明在最后承运人联上），索赔人可以凭此联向承运人提出索赔要求。

（3）索赔函

索赔人也可以向承运人递交索赔函。索赔函是索赔人向承运人提出正式索赔的书面文件。

索赔函示例

××航空公司货运部：

本公司提取一票货物，来自××，运单编号是×××，共计1件，80 kg，承运人为××，在目的地交付时，货物出现了程度较重的损坏。

依据实际情况，为了使各方的权益得到维护，我公司提出下列索赔申请。

货物的总价值约为100美元，请按照原价格予以赔偿。详细情况参看受损货物价值证明文件。

请贵公司及时处理，非常感谢。

随附：航空货运单、发票、事故记录等。

××代理公司

年　　月　　日

5. 受理索赔的要求

受理索赔人索赔要求的航站为索赔受理人。索赔受理人接到索赔人的索赔要求后，应进行编号和登记备案，并在索赔函上注明收到的日期。收到索赔函后应书面通知索赔人已经收到该索赔函，并对索赔人提交资料的真实性以及有效性进行检查确认。如果索赔函的时间超过索赔时限，应检查是否附有货物运输事故记录或是否在航空货运单相关联上注明异议。

6. 诉讼时效

如果托运人与承运人不能就运输纠纷达成一致解决意见，可以向法院提起诉讼或向国家仲裁机构提出仲裁。航空运输的诉讼时效期间为2年，自航班到达目的地、应当到达目的地或者运输终止之日起计算。这一期间的计算方法，按照案件受理法院所在地的法律确定。

三、赔偿处理

1. 确定赔偿额

在国内航空货物运输中，根据中国民航局的规定，航空承运人承担的最高赔偿责任限额为货物毛重每千克100元，如果能够证明货物的实际损失低于每千克100元的，按实际损失赔偿，如果托运人向承运人办理了货物运输声明价值，并支付了声明价值附加费，其声明价值为赔偿限额；如果承运人能够证明托运人的声明价值高于货物的实际价值，按实际价值赔偿。

在国际航空货物运输中，托运人办理货物托运手续时，未向承运人声明货物的运输声明价值，根据国际航空运输协会规定，承运人承担的最高赔偿责任限额为货物毛重每千克 SDR22（特别提款权）；如果能够证明货物的实际损失低于每千克 SDR22 的，按实际损失赔偿。

2. 支付赔偿款

承运人在完成货物赔偿报告的审批以后，将全部调查材料一并向财务部门提交，申请拨款赔付。当索赔人完成责任解除书的签订以后，承运人将赔偿款向索赔人进行支付。

3. 货物损失赔偿

货物如果发生了部分破损，当可以对其进行修复时，需依照承运人确定的地点开展价格评估，然后再进行修复。在完成货物的修复以后，要和收货人做好协商，收货人将货物收回，然后适当减少或免除承运人所需要承担的赔偿。

货物如果全部破损，承运人要将货物的处置权收回，对于赔偿所需要支付的资金，可以采用相同货物来冲抵。

小提示

一票货物只能有一个索赔人。当存在两个或者多个索赔人时，只允许接受一个人的索赔，另外的索赔人要将相应的请求撤销。索赔受理人要向各个航站发出通知，确定是否存在多重索赔的问题，然后再处理多重索赔的问题。

思考与练习

1. 简述自愿变更的几种情形以及如何处理运输变更。
2. 简述非自愿变更的几种情形以及如何处理运输变更。
3. 案例分析。

案例 1：M 货运代理公司接受货主的委托后，将重量约为 11 kg 的红外线测距仪从沈阳向香港运输，这批货物总价值约人民币 5 万元，但是并没有填写声明价值。M 货运代理公司的工作依照常规流程进行，将航空分运单向业主签发，依照普通货物的运输标准完成费用的收取。由于当时并没有直接去香港的航班，全部货物在北京中转，因此 M 货运代理公司将委托业务转给了 N 货运代理公司的驻京办事处。但是，航空公司在工作中存在不足和疏漏，货物在从北京向香港运输的过程中发生了部分丢失，结合上述情况，请逐一回答下列问题。

（1）M、N 货运代理公司应该承担怎样的责任？

（2）货主提出应该依据货物的实际价值来赔偿，是否存在法律依据？请说明原因。

案例 2：某航空公司从北京向伦敦运输机器配件，中转地为巴黎，货物运单号为 ×××-××××××××，货物共 4 件，每件重量约为 25 kg。在巴黎中转时，出现了临时问题，发货人向该航空公司申请运输中止，并将货物退回北京。

请问：该航空公司会不会支持发货人的请求？谁负责支付机器配件已产生的运费？

附录　危险品分类、危险性标签及常见危险品

<table>
<tr><th>类别</th><th>项别</th><th>常见危险品标签及操作标签</th><th>常见危险品</th></tr>
<tr><td rowspan="2">第 1 类
爆炸品</td><td>1.3 项</td><td>
</td><td rowspan="2">TNT 炸药、轻武器弹药、信号弹、电雷管、某些烟火物质等</td></tr>
<tr><td>1.4 项</td><td>

</td></tr>
<tr><td rowspan="3">第 2 类
气体</td><td>2.1 项
易燃
气体</td><td>
</td><td>打火机等</td></tr>
<tr><td>2.2 项
非易燃
无毒
气体</td><td>

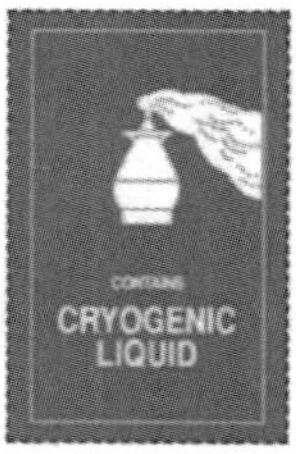
</td><td>灭火器、液氨或液氮等</td></tr>
<tr><td>2.3 项
毒性
气体</td><td>
</td><td>一氧化碳、硫化氢等</td></tr>
</table>

续表

类别	项别	常见危险品标签及操作标签	常见危险品
第 3 类 易燃液体		 	某些涂料、清漆、酒精、黏合剂、丙酮、汽油、香水类产品等
第 4 类 易燃固体、自燃物质和遇水释放易燃气体的物质	4.1 项 易燃 固体		安全火柴、摩擦火柴、硫黄、赛璐珞等
	4.2 项 自燃 物质		白磷或黄磷、二氨基镁等
	4.3 项 遇水释放 易燃气体 的物质		碳化钙、金属钠、金属锂等
第 5 类 氧化剂和有机过氧化物	5.1 项 氧化剂		过氧化氢（双氧水）、过氧化钠、硝酸铵化肥、氯酸钙、漂白粉、高锰酸钾等
	5.2 项 有机过氧 化物	 	叔丁基过氧化氢、过氧乙酸、过氧苯甲酰、过氧化丁酮等

续表

类别	项别	常见危险品标签及操作标签	常见危险品
第 6 类 毒性物质 和感染性 物质	6.1 项 有毒物质		砒霜、尼古丁、氰化钾、农药等
	6.2 项 感染性 物质		病毒、病菌、一些诊断标本和医疗或临床废弃物等
第 7 类 放射性物质		   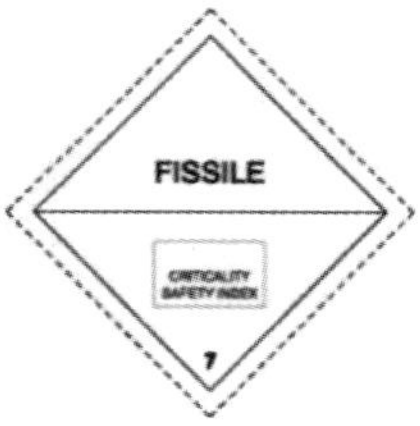	医疗或工业用放射性核素或同位素，如钴－60、铯－131、碘－132 等
第 8 类 腐蚀性物质			电池电解液、硫酸、氢氧化钠、氢氧化钾、金属汞等
第 9 类 杂项危险 物质和物 品，包括 危害环境 的物质	杂项	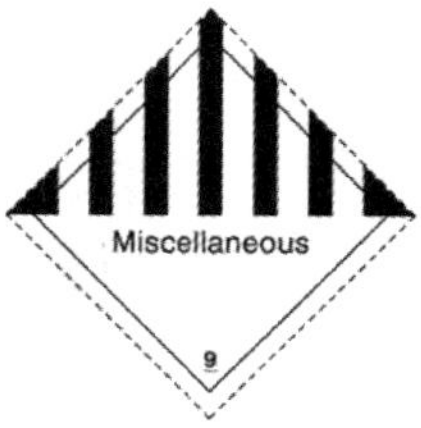	石棉、干冰、消费品、化学药品和急救物品、救生设备、内燃发动机、机动车辆、聚合物颗粒、以电池为动力的设备或车辆等

续表

类别	项别	常见危险品标签及操作标签	常见危险品
第 9 类杂项危险物质和物品，包括危害环境的物质	环境危害物质		氟环唑原药、烯草酮原药、硫酸锰、环烷酸等
	磁性物质	MAGNETIZED MATERIAL KEEP AWAY FROM AIRCRAFT COMPASS DETECTOR UNIT	磁钢、钕铁硼、电机、扬声器、指南针、冰箱贴等
	锂电池	9	锂金属电池、锂离子电池、锂聚合物电池等